インターネット時代のレファレンス

実践・サービスの基本から展開まで

大串夏身・田中 均 著

日外アソシエーツ

装丁：赤田 麻衣子

はじめに

　本書は、日本の公共図書館のレファレンスサービスをより活発にしたいという目的で書かれたものである。

　レファレンスサービスは図書館の各種サービスのなかでも、特に重要なサービスだと言われている。それはレファレンスサービスが、図書館が持つ資源とアクセス出来るネットワーク資源とを活用して、住民のよりよい生活・仕事を生み出し、地域社会を創ることに資することができるという理由からだ。

　これから到来する高度情報ネットワーク社会、知識創発型社会は、図書館及び社会全体の知識・情報の効率的な入手と活用を可能にするという意味でも、レファレンスサービスは社会から期待されている。また、情報格差の是正という点でもその果たすべき役割は大きい。

　しかし、日本の公共図書館では、全体としてレファレンスサービスは低調である。その原因を指摘することは容易だ。が、既存の具体的な条件、つまり、地域の状態、住民の要望、建物の構造、カウンターの場所、蔵書数、年間の購入資料数、図書館員の意識などの条件のなかで、よりよい活発な状態へと変えていくことは難しい。本書は、その難しさに挑戦をして、少しでも日本のレファレンスサービスをよりよくしたいという意図のもとに書かれたものである。

　図書館のサービスを提供するにあたっては、つぎのような枠組みがある。

　それは、①よりよい地域社会の実現に貢献するために図書館は何をすべきかという思想・考え、②それを実現するための方法と理論、③図書館の経営とサービスに関する方針・基準、計画を作成して実行すること、④時代の変化と住民の期待・要望にこたえるためにサービスを創造的に展開していくこと、⑤それらを実現する担い手としての職員の養成、の５つである。

　本書では、個別のサービスであるレファレンスサービスに即して、

インターネット時代のレファレンス

③、④、⑤について詳述している。さらに、レファレンスサービスは、ひとがひとに、つまり職員が利用者に知識や情報を提供することを基本に成り立っている。職員と利用者のコミュニケーションが成り立たなくてはサービスは、はじまらない。

その意味で本書ではサービスの基本の記述を接遇、言葉遣いからはじめることにした。

ひととひとの交流の上にサービスが成り立っていること、その上でコンピュータの技術やインターネット上で提供される情報源・技術等の活用によって新たなサービスの展開が可能となることを忘れてはならない。そのためにも社会が求めるサービスを担い、創造する職員の養成が欠かせない。

本書はさらに、図書館に異動になった職員がレファレンスサービスも担当することになったという場面も想定して記述している。新任の職員が本書を読んで、それなりに取り組めば1ヶ月もたてば自信をもって利用者と会話ができるようになるだろう。その後も、本書を参考にして段階を追った研修プログラムを考え、経験を蓄積すれば、より充実したレファレンスサービスの実現が可能となるだろう。

本書は、主な読者として公共図書館の職員、なかでもレファレンスサービスに関わっている人を想定している。もちろん、レファレンスサービスに関心がある利用者、住民、司書課程で学んでいる学生などの人々にも読んで、参考にしてもらえる。

本書が、レファレンスサービスに関心のある人々に読まれ、それぞれの立場でサービスの改善と向上に役立てていただければ幸いである。

2010年9月
大串 夏身

目　次

はじめに …………………………………………………………………… iii

1. インターネットの衝撃と図書館サービスの創造 ……………… 1
 1-1.　インターネットの衝撃―知識創発型社会の到来 ……… 1
 1-2.　図書館の5つの役割―知的創造、知識の保存・伝達、
    知識の共有化、生涯学習、読書の推進 ……………… 1
 1-3.　インターネットとIT技術の活用と図書館サービスの創造 … 3

2. レファレンスサービスの準備と基礎づくり ……………………… 4
 2-1.　組織として取り組むレファレンスサービス ……………… 4
 2-2.　サービス提供のための作業 ……………………………… 6
 2-3.　レファレンスサービスの意義と効果
    ―地域社会の質を向上させる ……………………… 7
 2-4.　レファレンスコレクションの整備 ………………………… 9
 2-5.　サービス提供のための環境の整備 ……………………… 10
 2-5-1.　質問受付カウンターは入り口の近くに置く ……………… 10
   第1図　小規模図書館におけるレファレンスカウンター、ツールの場所（例）… 12
 2-5-2.　インターネット活用環境の整備 ………………………… 13
 2-6.　利用者とのコミュニケーション ……………………………… 14
 2-6-1.　利用者とのコミュニケーションは言葉の使い方から ……… 15
   第1表　ふつうの言葉と接遇用語 …………………………… 16
   第2表　丁寧語の変化 ………………………………………… 17
   第3表　尊敬語・謙譲語一覧表 ……………………………… 18
 2-6-2.　語尾までしっかり発音する ……………………………… 19
 2-6-3.　電話での応対の注意 …………………………………… 19
 2-6-3-1.　漢字の形は正確に伝える ……………………………… 19
 2-6-3-2.　数字なども ……………………………………………… 20
 2-6-3-3.　あいづちのうちかた ……………………………………… 21
 2-6-4.　明るくはきはきと―元気な図書館員が、資料も利用者も
    元気にする ……………………………………………… 21

3. 調べる力を身につける—レファレンス質問・回答サービスの
   基礎 ………………………………………………………… 23
   3-1. 資料の調べ方の基礎 …………………………………………23
   3-1-1. NDCに親しむ、相関索引を使う ………………………23
   3-1-2. 本の所蔵について調べる方法の基本……………………24
   3-1-3. 特定のテーマについての本を聞かれたら………………24
   3-2. 事実についての調べ方の基礎 ………………………………25
   3-2-1. 百科事典は複数あればそれぞれ調べてみよう…………25
   3-2-2. インターネットはGoogleだけですませないように …25
   3-3. よく聞かれる質問の調べ方を知っておこう ………………25
   3-4. 本当に基本的なレファレンスブックを知る ………………26
   3-5. インターネットの検索方法を知っておこう ………………28
   3-5-1. 総合的な検索エンジン……………………………………29
   3-5-2. レファレンスで活用すると便利な技法…………………29
   3-5-3. オプション検索あるいは詳細検索………………………30
   3-5-4. 総合的な検索エンジン運営会社のサービス……………30
   3-6. 質問に回答するときの留意事項 ……………………………31

4. レファレンス質問・回答サービスの強固な基盤を作る ……34
   4-1. 相談・質問にはいろいろある ………………………………34
   4-2. 質問類型別の特性を知る ……………………………………35
   4-2-1. 質問の類型…………………………………………………35
     第2図　質問類型別調査過程簡略図 ………………………36
   4-2-2. 所蔵情報……………………………………………………38
   4-2-2-1. カウンターで…………………………………………38
   4-2-2-2. 電話で…………………………………………………40
   4-2-2-3. 図書の一部に収録されているものを探す …………41
     第4表「現代日本文学綜覧シリーズ」収録期間等一覧 … 45
   4-2-3. 所在調査……………………………………………………51
   4-2-4. 文献調査……………………………………………………52
   4-2-5. 事実調査……………………………………………………53
   4-2-6. 調べ方案内…………………………………………………53
   4-3. レファレンスツールを知っておこう ………………………54
   4-3-1. レファレンスツールをどの程度知っているか？………54
   4-3-2. レファレンスツールのガイドブックを読む……………56
   4-3-3. 調べ方案内（パスファインダー）を読む………………57
   4-4. 見て知っておくといい基本サイト …………………………57

目　次

4-4-1．国立国会図書館···57
4-4-2．国立情報学研究所···58
4-4-3．科学技術振興機構···59
4-4-4．電子政府の総合窓口···60
4-4-5．総務省統計局···61
4-4-6．国立公文書館···62
4-4-7．国際子ども図書館···62
4-5．レファレンスで活用できるリンク集 ····································63
4-6．レファレンス質問回答事例 ··64
4-7．所蔵調査・所在調査で活用できる情報源·······························64
4-7-1．国立国会図書館所蔵の図書を探す···································64
4-7-2．特定の雑誌の所蔵、雑誌記事を調べる·······························64
4-7-3．特定の新聞の所蔵、新聞記事の検索·································65
4-8．文献調査に活用できるレファレンスツール　·····························66
（補1）文献を入手する方法···67
4-9．分野別の基本レファレンスツール—事実調査に活用できる
　　　おもな情報源 ···69
4-9-1．辞書・事典···69
　　　第5表　辞書辞典の種類と調べることができる事柄 ······················· 69
　　　第6表　おもなオンライン辞書一覧 ···································· 72
4-9-2．団体・会社等を調べる···73
4-9-3．歴史の事実を調べる···73
4-9-4．特定の人物を調べる···74
4-9-5．地図・地理情報を調べる···75
4-9-6．政府・自治体関係情報を調べる·····································76
4-9-7．法令・条例・判例の検索···76
4-9-8．経済・経営・ビジネス関係情報を調べる·····························77
4-9-9．社会・労働・風俗・生活を調べる···································78
4-9-10．統計情報・世論調査を調べる······································78
4-9-11．教育関係情報を調べる ···79
4-9-12．特許・規格情報を調べる ···79
4-9-13．自然科学・工学・医学情報等の検索 ·······························80
4-9-13-1．インターネット上の自然科学・工学関係のサイト ·················81
4-9-13-2．インターネット上の医学関係のサイト ···························82
4-9-14．美術・芸術・文学関係ほかの情報を調べる ·························82
4-9-15．商用オンラインデータベースの検索 ·······························84
4-9-16．よみを調べる ···85
4-9-16-1．調べ方を書いた案内書 ···85

vii

4-9-16-2．図書館で調べる手順—まずよみ方辞典から ……………86
　　4-9-16-3．インターネットで調べるのもひとつの方法ではある ……86
　　　　第7表 よみ方辞典等一覧 ………………………………………… 87
　　　　第8表 よみ方辞典等（CD-ROM）一覧 ………………………… 91
　（補2）ふりがな付き辞書等……………………………………………92

5. レファレンスサービスをさらに充実させるために ………… 93
　5-1．レファレンスツールを〈組織化〉する …………………………93
　　　　第3図 チャート図 人物について調べる………………………… 95
　（補3）エキスパートシステムの導入 …………………………………96
　5-2．地域の課題解決支援サービスに取り組もう ……………………97
　5-2-1．現代社会での地域の課題解決支援サービス展開の意義・
　　　　必要性……………………………………………………………97
　5-2-2．住民・図書館それぞれのメリット………………………………99
　5-2-3．取り組みのために………………………………………………99
　　　　コラム 図書館でのビジネス関係調査は？ その評価 ………… 100
　5-3．利用ガイダンスを進める ……………………………………… 101
　5-4．サービスの一層の充実のために経験をルール化する ……… 102
　5-4-1．ルール化する意味・効果……………………………………… 103
　5-4-2．方針・基準等の見直しと修正………………………………… 103
　5-4-2-1．見直しと修正の方法……………………………………… 103
　5-4-2-2．利用者への「支援・援助」に対する考え方……………… 104
　5-4-2-3．遠い地域からの質問の扱い……………………………… 107
　5-4-2-4．法律、医療などの質問に対する考え方………………… 107
　5-4-2-5．回答に要する時間や一度に受付ける件数 …………… 108
　5-4-2-6．事実調査の範囲…………………………………………… 108
　5-4-2-7．マニュアルレベルの問題 ………………………………… 109
　5-4-3．マニュアルの例（1）接遇・質問の受付など …………… 109
　5-4-4．マニュアルの例（2）—相談を受けたときのメモのとり方 … 112
　　　　第4図 質問記録票（例）………………………………………… 114
　（補4）質問の記録方法 ……………………………………………… 114
　5-4-5．電子メールを使った質問に取り組む—回答文の書き方…… 115
　5-5．レファレンス質問件数の数え方 ……………………………… 118
　5-6．サービスの評価方法 …………………………………………… 119
　5-7．担当職員の研修 ………………………………………………… 123
　5-7-1．職場内研修の進め方…………………………………………… 123
　5-7-2．事例研究の方法………………………………………………… 124
　5-7-3．調べ方案内などの作成………………………………………… 125
　5-7-4．外部研修への参加……………………………………………… 127

目　次

5-8．担当職員の専門性について ……………………………………	127
5-9．図書館員が知っておくといい IT に関する知識と技術 ………	129
5-9-1．情報発信のツールとしての Web サイト ………………………	129
5-9-1-1．図書館の Web サイトを作る ……………………………	129
5-9-1-1-1．Web サイトの仕組みと作り方 ……………………	129
第 5-1 図　パソコンと web サーバの模式図 1 ………	131
第 5-2 図　パソコンと web サーバの模式図 2 ………	131
5-9-1-2．作成のワークフロー…………………………………………	132
5-9-1-3．作成の体制…………………………………………………	135
5-9-1-4．著作権について……………………………………………	137
5-9-2．管理・更新体制…………………………………………………	137
5-9-2-1．コンテンツ等の更新………………………………………	137
5-9-2-2．サーバマシンの管理………………………………………	138
5-9-3．快適な Web サイトのために ……………………………………	139
5-9-3-1．必要な情報と不必要な情報………………………………	139
5-9-3-2．Web ユニバーサルデザイン ………………………………	140
5-9-3-3．アクセシビリティ…………………………………………	140
5-9-3-4．ユーザビリティ……………………………………………	141
5-9-4．Web の活用 ………………………………………………………	142
5-9-4-1．発信する情報………………………………………………	142
5-9-4-2．Web と広報 …………………………………………………	143
5-9-4-3．SDI サービス ………………………………………………	144
5-9-4-4．インターネット上でのレファレンス……………………	145
5-9-4-4-1．電子メールによる受付………………………………	145
5-9-4-4-2．レファレンス事例集………………………………	145
5-9-4-5．オンラインデータベースの利用…………………………	146
5-9-4-5-1．図書館とオンラインデータベース………………	146
5-9-4-5-2．有料のデータベースの利用制限…………………	146
5-9-4-6．電子書籍の利用……………………………………………	146
5-9-4-6-1．電子書籍の貸出……………………………………	146
5-9-4-6-2．次世代図書「オーディオブック」………………	147
5-9-5．書誌情報、メタ情報の記載方法…………………………………	148
5-9-6．検索結果のデータの保存方法―インターネットで 　　　　検索した結果を保存する方法を身につけておこう ……	151
5-9-6-1．画面をまるごと保存する…………………………………	151
5-9-6-2．画像を保存する……………………………………………	152
5-9-6-3．アドレス（URL）を保存する ……………………………	153
5-9-6-4．「PDF」ファイルを表示させて保存する ………………	153

ix

5-9-6-4-1. 保存したファイルから文字を抽出する ………………	154
5-9-6-4-2. 画像だけ切り取って保存する ………………………	154
5-9-6-5. 統計情報を保存する ………………………………………	154
5-9-6-6. インターネット上の一部の情報をワープロに取り込む…	155

まとめ ………………………………………………………………… 156

資　料　　実例 特定テーマに関するレファレンスツールの組織化 ……………………………………………… 162

大串夏身のチャートで考えるレファレンスツールの活用 ………… 164

1. 教育（1）……………………………………………………… 164
まずは、辞書・事典で確認してから ……………………… 164
法律用語の検索 …………………………………………… 165
事実・歴史的事柄 ………………………………………… 165
専門分野の事柄 …………………………………………… 166
教育関係ポータルサイト ………………………………… 166
　チャート図　教育関係を調べる ……………………… 167

2. 教育（2）……………………………………………………… 169
「『総合的な学習の時間』応援団のページ」…………… 169
図書館が作っている支援のページ ……………………… 170

3. 教育（3）調べ学習に役立つインターネット情報源 ……… 172
（1）学校や教育センターなどが作成したリンク集 …… 172
（2）教科書会社が作成したリンク集 …………………… 173
（3）出版社や会社が作成したリンク集など …………… 174
（4）こども向けの検索エンジンなど …………………… 175
　チャート図　調べ学習に役立つインターネット情報源 ………… 176

4. 教育（4）調べ学習に役立つ資料 ………………………… 177
（1）キーワードを考える ………………………………… 178
（2）分類を調べ、本棚に行ってみる …………………… 178
（3）百科事典で概要を調べる …………………………… 178
（4）ことばの意味を確認する …………………………… 179
（5）年鑑も参照 …………………………………………… 179

目　次

　　（6）シリーズもチェック！ ……………………………………… 179
　　（7）専門分野の事典・図鑑等で調べる ………………………… 180
　　（8）出版されているけれど、そこにない資料は？ …………… 180
　　（9）仕上げにもう一度本棚へ …………………………………… 180
　　（10）補足・図書館での本の調べ方 ……………………………… 180
　　（11）インターネットで最新情報を確認 ………………………… 181
　　　　チャート図　調べ学習に役立つ印刷資料を探す ………… 182

5. チャートで考える世界文学その1 ………………………………… 183
　　分からないことは多いけれど ……………………………………… 184
　　自分で訳したタイトルということも……………………………… 184
　　まず、「世界文学事典」から ……………………………………… 185
　　作品の翻訳を調べる ………………………………………………… 186
　　作品のあらすじや登場人物、作者などについて ……………… 186
　　　　チャート図　世界文学を調べる手順は…？ ……………… 187

6. チャートで考える世界文学その2 ………………………………… 189
　　作品の評価などを調べる …………………………………………… 189
　　分野別事典で調べる ………………………………………………… 189
　　用語事典など ………………………………………………………… 190
　　国別・言語別などの事典を調べる ………………………………… 190
　　少し質問―文学作品を知っていますか？ ……………………… 192
　　コラムの答え ………………………………………………………… 194

参考文献 図書及び雑誌論文 ………………………………………… 197
URL 一覧 ……………………………………………………………… 202

索　引 …………………………………………………………………… 212

あとがき ………………………………………………………………… 214

xi

インターネット時代のレファレンス

凡　例

1、インターネット情報源は、総合的な検索エンジンをのぞいてページ名、サイト名を「　　」でくくった。本文中では、ページ名、サイト名にとどめ、巻末に URL をそえた一覧を記載した。

2、図書は、本文中で示すときは、書名を『　』でくくり、それ以外は（　）の中に入れて記載した。（　）内には編著者名、出版社、出版年など基本的な書誌情報を記載した。雑誌名は、論文名を「　　」でくくり、それ以外は（　）の中に入れて記載した。（　）内には編著者名、掲載雑誌名、巻号、刊年月など基本的な書誌情報を記載した。

3、巻末に、参考文献として、参照した最近の図書、雑誌論文の一覧、また、本文中に記載したサイト・ページの一覧をつけた。

4、文章中、1, 2, 3……と箇条書きで示すところは、①、②、③……とした。階層構造を持つものは、
(1)、(2)、(3) ……　→　①、②、③……、　→　(a)、(b)、(c)……、
　→　(あ)、(い)、(う)……　とした。

5、索引は、特に必要なもののみとした。比較的詳しく目次を表示したので本文の記述の流れにそって読むという性格上基本的には、目次を手がかりに探すことをおすすめする。

1. インターネットの衝撃と図書館サービスの創造

1-1. インターネットの衝撃—知識創発型社会の到来

　インターネット上で提供されるサービスは、予想を越える勢いで充実しつつある。図書館にとっては衝撃的ですらある。
　図書や雑誌がデジタル化され、図書館に来なくてもそれらを閲覧できるようになった。それらの多くは1冊の本、1つの論文のすみずみまで検索できるようになり、図書館員が利用者から依頼され膨大な所蔵資料の中から探し出し手渡すという作業が過去のことのように感じられるまでになった。インターネットから入手できる知識や情報は日に日に増加しつつある。
　クラウドコンピューティング[注1]も図書館に影響を及ぼしつつある。
　これらのことは人類が知識と情報の記録と流通の新しい段階に到達したことを示している。インターネットを介して知識と知識、知識と情報、情報と情報が出会い、新しい知識や情報が次々と生まれる、知識創発型社会が到来しつつある。
　こうした時代、図書館は、他のすべての組織・団体と同じようにその存在意義を問われている。
　ここでは、まず、基本にかえって、図書館がいかなる役割をはたしてきたのかについて考えてみよう。

1-2. 図書館の5つの役割—知的創造、知識の保存・伝達、知識の共有化、生涯学習、読書の推進

　図書館は、長い歴史の中で①知識の創造をすすめ、②人間が創りだしてきた知識を保存・伝達し、近代社会の中でさらに③知識の共有化をすすめ、④生涯にわたる学習を支援し、⑤読書を推進する施設としての役割を果たしてきた。

インターネット時代のレファレンス

　①では、図書館は人間が創り出してきた知的な創造物、おもに図書を収集して保存し利用に供してきた。図書館の所蔵資料を利用することで、人は新しい知識や情報を生み出してきた。その意味で、図書館は人間の知的な創造にかかわる施設であるということができる。
　さらに、②図書を保存することで、それらに詰め込まれた知識を次の世代に受け渡してきた。保存し、伝えるという施設でもあった。
　近代社会に入ってからは、これにさらに、③知識の共有化をすすめるという役割も担うことになる。近代社会は、知識を共有化することによって社会を豊かにしてきた。それは啓蒙主義からの伝統的な考え方であると言っていい。フランスの百科全書派は、従来の一部の人々に占有されていた知識と技術を目に見える形にすることによって社会の進歩に貢献しようとした。一部の人々の知識と技術を広く多くの人が理解できるようにすることで、社会を豊かにしようとした。これを図書館が担うことになる。図書館はあらゆる図書、雑誌等を集め、広くすべての人に無料で公開し、知識の共有化につくしてきた。知識を共有化することで、われわれはよりよい社会をつくることができるのである。注2)
　④さらに図書館は、生涯にわたる学習を支援する役割も担ってきた。
　⑤の読書の推進は、最近、図書館の役割として見直されてきた。情報が満ちあふれ、また知識が次々と創造される社会で生きていくためには、知識や情報を評価して活用できる人間を育成しなくてはならない。そうした人間の育成のために読書は欠かせないという考えに基づくものである。
　知識の創造をすすめる、知識を後世に保存して伝える、知識を共有化する、そして生涯にわたる学習を支援し、読書を推進するという5つの役割は、これからも図書館が担うべきものである。
　こうした図書館の役割を実現するために、貸出、閲覧というサービスがあり、相談サービスなどが行われてきた。
　相談サービスの中核をなすレファレンスサービスは、図書や雑誌、

インターネット上の情報源の中にある知識や情報を取り出して、それを求める利用者に提供するというもので、知的な創造、知識の共有化という点で欠かせない社会的なサービスである。

1-3. インターネットとIT技術の活用と図書館サービスの創造

　印刷資料を中心にサービスを提供してきた図書館は、インターネットとIT技術を活用した新しいサービスの創造が求められている。それは、ちょっとしたことから、本格的なシステムの設定が必要なことまでさまざまなものが考えられる。

　ちょっとしたこととしては、例えば、利用者が図書館の図書の所蔵を検索したとしよう。検索結果が1件もなかったとき、「お探しの資料は所蔵されていません」という表示の横に、①「県立図書館など県内の他の図書館の所蔵を検索してみますか？」、②「新刊図書のデータベースで検索してみましょう」という表示が出る。「①」をクリックすると自動的に検索して、県内の公共図書館の所蔵状況が一覧で提示され、所蔵されている図書館をクリックすると、請求記号と貸出状況などが分かり、図書を指定すると自動的に借りる作業に入るなどが行われる。もちろん、何日くらいで到着するかも分かるようになっている。

　「②」をクリックすると新刊図書のデータベースを自動的に検索して、出版社に在庫があれば、「リクエストしますか？」と表示が出て、バーをクリックすると、「リクエストを受付けました」という表示が出る。[注3)]

　利用者が図書館のホームページにアクセスしてくれば、その利用者が関心を持つだろう各種の図書館のサービスを知らせて、利用してもらうように誘導する。これはIT技術を活用することで可能となることのひとつであろう。

　レファレンスサービスの分野では、ホームページを使って次のようなことも可能となる。

① 特定のテーマを取り上げて資料やインターネット上の情報源を紹介する。
② 新着図書や新しくアップされたホームページなどの中から調査・研究に役立ちそうなものを取り上げてやや詳しく紹介する。
③ インターネット情報源の紹介と検索方法を解説する。
④ オンラインデータベースの検索方法を解説する。ひとつのオンラインデータベースでもさまざまなテーマを取り上げて解説する。
⑤ レファレンスの質問回答事例を紹介する。

これらを毎週か1ヶ月に数回更新する。このようなサービスを提供すれば、利用者のレファレンスサービスに対する関心を高めることができるし、それを質問へと導くことができる。

ところで日本では公共図書館がレファレンスサービスを提供していることが、住民に知られていないという問題がある。もっと気軽に利用者が図書館員に声をかけ質問できるようにして、件数を倍増させなくてはならない。

本書では、こうした状況をふまえて、インターネット時代のレファレンスサービスを、準備から段階を追って考えてみたい。

2. レファレンスサービスの準備と基礎づくり

2-1. 組織として取り組むレファレンスサービス

レファレンスサービスとは、図書館が所蔵している資料の中に含まれている知識・情報と、アクセスできるインターネット上の情報源を活用して、利用者の知識・情報要求をみたすサービスである。

レファレンスサービスは、図書館が組織として提供するサービスであり、おもに次のサービスから構成されている。

① 利用者からの質問に対して、調査して一定の回答を提供する質問回答サービス。質問が、相談と言えるものも含む。(「質問」と「相談」を厳密に分けることはできない。利用者からみると「質問」であるときもあるし「相談」であるときもある)。
② 利用者が自分で調べることができるようにレファレンスブックやインターネット情報源を整備して提供するサービス。
　これにはレファレンスブックを本棚に並べる、インターネット情報源のリンク集を作るなどがある。
③ 利用者が持つ情報要求を想定して、特定のテーマに関する資料を整備するとともに、それに関する知識・情報の探し方を案内するサービス。地域の課題解決型サービスはこれを発展させたサービスと言える。
　また、探し方を案内するサービスは「パスファインダー」とも言われる。これはリーフレットを作成して来館者に手渡したり、それをホームページで公開することも含むサービスである。
④ 利用者からの申し出を受けて、特定のテーマやキーワードに関する新着の情報を電子メールで配信するサービス（これを「SDIサービス」という）。
⑤ 特定のテーマに関する情報を探すための能力を向上させるため、講座等を開催するとともに、日常的に図書館の利用を案内するツアーなども行う。利用教育、あるいは利用ガイダンスといわれるものである。これはホームページにアーカイブとして保存公開し、調べ方案内とともに、誰もが読んだり、学習することができるようにする。
おもなサービスは以上のようなものである。

さらにきめ細かく、児童、ヤングアダルト、高齢者などに対する各種サービスがある。また、サービスの外周に、各種の資料や情報に関する情報発信サービス、読書に関する相談サービスなども含めて考えてもよい。

どこまでをレファレンスサービスの範囲にするかは、それぞれの図書館が諸条件を勘案して決めればよい。本書では、レファレンスサービスは、以上のサービスを含んで考えることにする。

なお、図書館の各種サービスの中にレファレンスサービスと深く関係するものもある。例えば、利用ガイダンス、資料提供サービス、読書推進サービス、ホームページを使った情報発信サービス、行事に関するサービスなどである。これらは、レファレンスサービスが充実することで、よりよいサービスが提供できるようになる。その意味で、レファレンスサービスの充実は、図書館サービス全体の充実につながると言ってよい。

本書では、まず、図書館が組織としてサービスを準備するところからはじめたい。

2-2. サービス提供のための作業

組織としてサービスを提供するには、次の作業が必要である。
（1）条例、規則に基づいてサービス方針、基準を作成する。
（2）サービスに関する職務内容を明らかにして、それらの分担を決める。
（3）サービスを実現するためのマニュアルを作成する。
（4）レファレンスコレクションを整備する。
（5）サービスを提供する環境を整える。
（6）担当者のトレーニングを行う。

（1）（2）（3）は、サービスをはじめる時は簡単なものがあればよく、サービスを行いながら、順次整備していけばよい。最初から詳しく立派なものを作ってしまうと、サービスを硬直化させ、地域の状況にあった、また利用者の要望にそった生き生きとしたサービスを作り出すことができない。当初は、とりあえず整えて、一定の期間をへて検討して現実にあったものを整備していけばよい。（本書はこの考えに基づ

いて記述している）

　とりあえず方針では、①レファレンスサービスを提供する意義・効果、②サービスの範囲と提供の基本的な方法・手段、③職員の自覚とモラル、④協力レファレンス、⑤その他関連するインターネットの活用・提供などについて書かれていればよい。

　質問回答サービスについては基準を作る必要があるが、次の項目について一定の考え方を示しておく。

　①サービスの提供の目的と基本姿勢、②質問の受付方法と種類、③質問を寄せることができる人・組織・団体、④謝絶する質問と他の機関に紹介する質問、⑤調査・回答の原則と方法（一度に受付ける件数や1件あたりにかける調査の時間はここに書いておく）、⑥回答するときの留意点。

　②の質問の受付方法には、カウンターの他、電子メール、ファックス、電話、文書などがある。

　質問の種類は、書架案内、所蔵調査、所在調査、文献調査、事実調査、調べ方の案内、読書案内、リクエスト・予約に関連した新刊書等の検索・案内など、分かりやすいものにした方がいい。統計をとる場合も継続的に安定してとることができるし、部外者のサービスへの理解、職員の専門性の内容の理解にも深く関係するからである。間違っても「書架案内」に「インフォメーション」などという用語は使ってはならない。

　（4）レファレンスコレクションを整備する、（5）サービスを提供する環境を整える、（6）担当者のトレーニングを行う、は、項目を改めて詳しく見ていきたい。

2-3. レファレンスサービスの意義と効果——地域社会の質を向上させる

　サービス方針を定めるにあたって明確にしておかなければならないのは、レファレンスサービスの意義と効果である。

　図書館がレファレンスサービスを提供する意義として、次のようなことが考えられる。

インターネット時代のレファレンス

(1) 図書館内のサービスに即して考えると、
　①図書館の中の資料やアクセスできるインターネット情報源などの利用を促進する
　②利用者の求める情報と図書館が所蔵する資料や図書館でアクセスできる情報源を的確に結び付けることで、利用者の情報要求を充足する

という意義がある。
(2) 広く社会全体の中に置いて考えると
　①社会の中に存在するあらゆる資料やインターネット上の情報源などの効率的な利用を促進する
　②情報要求を持っている人と資料やインターネット上の情報源などを結び付けることを通して、効率的な社会活動や創造的な活動、知識の共有化に寄与する
　③さらに、その結果、ひとりひとりが情報にアクセスする権利、住民の知的自由を保障する

という意義が考えられる。
　(1)の①と(2)の①は、「調べ方の案内」というサービスに加えて、
　①講座等を開催して住民の情報検索・収集能力・活用能力を向上させる
　②特定テーマの資料等の調べ方案内（パスファインダー）を作成して提供する
　③資料等の調べ方の自習用プログラムを作成しホームページにアップして提供する

　以上のようなサービスも考えられる。これらのサービスには、日本の公共図書館は全体としてあまり取り組んで来なかったが、これからは積極的に取り組んでいくべきサービスと言える。
　(2)の②の「情報要求を持っている人」は、個人だけでなく、特

定の組織、それと特定のテーマに関する情報要求を持っている集団も視野に入れて考えることが必要である。これらの人・組織・集団に対する積極的なサービスは、これからの社会では重要度が増す。

　これらを通して、住民の生活や仕事をよりよいものとすることができるし、地域の課題の解決にも役立つことができる。地域の質を高めるために貢献しているとも言える。

　また、図書館の内部の仕事との関係では、レファレンスサービスを充実させることが、図書館サービスの質の向上をもたらす。

　具体的には、先にふれたように、レファレンスサービスに関連するサービス、例えば、資料提供サービスでは、新着資料のうちから特定のテーマに関する資料を紹介するときのテーマの設定や資料の調査・紹介方法など、リクエスト・予約関連の調査。行事に関しては、例えば、講座を開催するとき、講座の内容に関連した所蔵資料を紹介したり、リストを作成したりする、これらにレファレンスサービスの経験が生かされる。

　次に、「(4) レファレンスコレクションを整備する。」について考えてみよう。

2-4. レファレンスコレクションの整備

　レファレンスコレクションは、サービスの目的や規模、提供するサービスの範囲などを勘案して構築される。

　レファレンスコレクションとしては、印刷資料の辞書・事典、ハンドブック、二次統計書、書誌索引類、レファレンス事典、CD-ROM、DVD-ROM の収集とオンラインデータベースの導入、インターネット情報源の組織化（リンク集づくり）などがある。地域資料の関係では、自館で独自に作成した書誌索引類が考えられる。

　「ジャパンナレッジ」、「日経テレコン21」、「聞蔵」などの基本的な商用オンラインデータベースは、すべての図書館で活用できるようにすべきである。自治体の中央館や大都市部の図書館ではさらに多くの

データベースを使えるようにすべきであろう。[注4)]

　また、国立情報学研究所のネットワークに入ることも検討し、有料のサービスも提供できるようにしたい。これは科学技術振興機構などが提供している有料のデータベースにも言える。まだ導入していない図書館は早急に導入を検討すべきである。

　レファレンスコレクションは、効率よく活用できるように、特定の質問に対して調べる順番や調べるルートなどを図書館として決めておくことが必要である。インターネット情報源は、すばやく検索できるようにしておく。インターネット上には、生活や仕事に役立つものが多数ある。

2-5. サービス提供のための環境の整備

　サービス提供のための環境の整備としては、質問受付カウンターの場所、レファレンスブックを置く場所、インターネットの端末の利用空間などがある。

2-5-1. 質問受付カウンターは入り口の近くに置く

　質問受付カウンターは、入り口の近く、来館した利用者がすぐ分かる場所に置くべきである。

　これからサービスをはじめようとする図書館、また、10万冊以下の図書館などは、入り口の近くのすぐ分かる場所にカウンターを置く。ここで利用者からの相談、質問など何でも受付ける。カウンターの名称も「相談カウンター」でよい。ことさら「レファレンスカウンター」など難しい名称をつけることは避ける。

　また、入り口近くには読書案内のカウンター、奥にレファレンスサービスのカウンターと分けて置く図書館が、日本では各地に見られるが、これはやめた方がいい。そうした図書館は、特に大規模な図書館でなければ、貸出・返却カウンターの近くに2つのカウンターをまとめて「相談カウンター」として置き、何でも気軽に相談できるよう

に、ただちに変えた方がよい。

　日本の場合は、大都市部以外の地域では、依然として行政が作った図書館は住民にとって敷居が高い場所である。

　ともあれ何でも気軽に声をかけてもらうには、ことさら読書案内とレファレンスのカウンターを分ける必要はない。入り口近くで、何でも気軽に相談できる「相談カウンター」があればいい。沢山の質問が寄せられ、機能を分化した方がいい状況になれば、何でも相談カウンターとレファレンス、読書アドバイス（読書相談）のカウンターに分ければいいのである。

　大きな図書館、何階にも分かれる図書館では、入り口の近くに何でも相談できるカウンターを設け、ひとまずここで相談を受付けて、簡単なものは回答して、時間を要するものは、他のカウンターに案内するということになる。

　いずれのケースでも、入り口近くのカウンターではどんな相談・質問も受付ける。また、その周辺によく使うレファレンスブックなどを置いて、すばやく回答できる、また利用者とレファレンスブックを手にしてレファレンスインタビューをしながら調べることができるようにする。

　入り口近くにレファレンスブックを置く意味は、①図書館が住民にとって調べもの、調査・研究もする場所であることを示す、②入り口近くのカウンターが百科事典や各種辞書・事典などに関連した質問なども寄せることができることを自然と理解できるようにする、という2つの意味がある。①は公的な施設である図書館に対する住民の理解を促進するためにも必要なことである。[注5)]

　なお、さらに大規模な図書館では、入り口に別に案内カウンター（立って対応する）を設けて、とりあえず来館して分からないことがあればなんでも気軽に聞いてもらえるようにする。

　これからは、自動貸出・返却機が普及するだろう。そうすれば基本的に、入り口近くには登録カウンターをおき、そこで貸出・返却も行う。（ただ、利用者には自動貸出・返却機の利用をすすめる。自動貸出・

インターネット時代のレファレンス

　返却機の置き場所、数を適切にすれば、貸出・返却の 90 パーセント近くは利用者が自分で処理をするようになる。こうなると従来の職員が貸出・返却処理を行っていたスペース自体が必要でなくなる）。

　登録カウンターから少し離れたところに相談カウンターを置く。周辺にはよく使われる基本的なレファレンスブックを置く。またカウンターの中には中型の国語辞典などいつでも参照しなくてはならないレファレンスブックを置く。コンピュータの端末も置く。プリンターもすぐに印字したシートが手にとることができるところに置く。

　相談カウンターは、気軽に、誰でも相談・質問できる雰囲気を作り

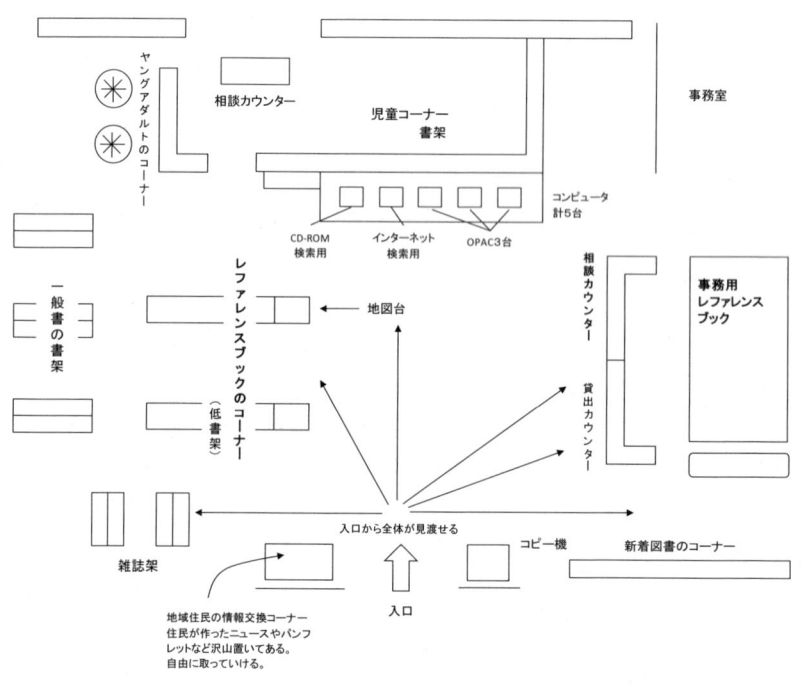

　　第 1 図　小規模図書館におけるレファレンスカウンター、ツールの場所（例）

出すことが必要である。カウンターの形も長四角ではなく、丸みをおびたものでもいいし、できれば立って相談をうけるようにしておいた方がいい。

　もちろん何でも相談してもらうわけだから、「トイレはどこですか」という施設の利用に関するものから、「貸出サービスを受けるにはどのような手続きが必要ですか」とか、「『坂本龍馬』という本はありますか」、「調べ学習の方法を書いた本にはどのような本がありますか」、「琵琶湖の面積は？」、「会社の登記の方法を書いた本を紹介してほしい」などなどいろいろな相談を受ける。それらをどのように統計としてカウントするかは、相談カウンターの場所とは関係ない。別のレベルで考えればいいのである。

　ともかく図書館は調べたり、研究したり、学習をすすめたりする場所であることを明示する必要があり、住民には本も借りることができるが、調査の場で、何か分からないことがあれば何でも聞いていいところだということを目に見える形で示しておく必要がある。

　さらに、カウンターで本の所在を案内できるようにするために書架図を作っておく。

　なお、参考までに、貸出カウンターの隣に相談カウンターを置いた図書館の例を示しておいた（第1図）。これは、アメリカの事例であるが、日本の市町村の図書館でも入口近くに相談カウンターを置く例は増えている。

　中規模図書館では、入り口のすぐ近くにレファレンスルームを置くべきで、大規模図書館でも同じである。

2-5-2. インターネット活用環境の整備

　インターネットとオンラインデータベースの端末の利用についても考えておく必要がある。端末の数が多くない図書館では、一部の利用者が独占することがないように、一定の時間で交代できるようにしておく。端末の数に限りがあるので、やむを得ない措置といえる。[注6]

　利用環境として、印刷資料のレファレンスブックと一緒に利用でき

るように、端末の周囲を広く余裕を持たせておくなどの配慮も必要である。

　カウンターではコンピュータの画面は利用者に見せながら一緒に検索するという姿勢がほしい。

　端末利用は利用者の自己責任が原則で、青少年・児童の利用端末はフィルターをかけておくが、成人の利用では、原則フィルターはかけない。注7)

　以上、図書館としての準備について簡単に見てきた。開館を準備しているという図書館には参考にしていただけただろう。またすでにサービスを提供している図書館の見直しの素材にしていただくとよい。

　準備の最後は職員の研修・トレーニングである。直接利用者とのやりとり、言葉遣い、案内方法などの他に、図書館員が実際に相談・質問を受けたときの対応と、具体的な質問を想定して調べる力をつけるための研修が必要である。調べる力は段階を追って充実させるようにすればよい。とりあえずは、明日からカウンターに立つとして、言葉遣いなど利用者とのコミュニケーションをとるためのトレーニングと基礎的な調べる力、最低限の知識と技術を身につけることが必要である。次にそれを具体的に考えてみよう。それらは図書館として職員に身につけさせる事柄であると同時に図書館員が自ら習得するように努力する事柄でもある。

2-6. 利用者とのコミュニケーション

　レファレンスサービスで一番大切なのは利用者とのコミュニケーションである。

　気軽に声をかけてもらえる雰囲気がないと利用者はカウンターに質問には来ない。

　利用者から質問を受けたら良く聞いて、気持ちよく帰ってもらうようにしなくてはならない。満足のいく回答を得ることはできなかったが、また聞いてみようという気持ちで帰ってもらうようにすることが

大切だ。にこやかに明るく気持ちよく話をする、利用者の話を良く聞く。するとまた次にも聞いてみようという気になり、数週間たって図書館に本を返しに来たとき、カウンターに寄って聞いてみる。よかったので、次に来た時もカウンターに寄る。この積み重ねで、図書館員と利用者の関係が密になり、いろいろな質問がカウンターに寄せられることになる。

そうすると館内を歩いている時でも、声をかけてくるようになる。質問の内容も具体的で専門的な内容になってくる。そうすることによって、図書館で収集した資料やアクセスできるデータベース、インターネット情報源がよりよく活用できるようになる。

レファレンスサービスのための準備は、まず、言葉の使い方を職員が習得するところからはじまる。

2-6-1. 利用者とのコミュニケーションは言葉の使い方から

利用者とのコミュニケーションをよくする、つまり利用者から気楽に自由な雰囲気でいつでも質問してもらう、ということだけでなく、利用者と資料・知識・情報の関係をクリエイティブなものにするためにも、コミュニケーションを良好な状態に保つための組織的な取り組みが必要だ。つまり、相談を受けるカウンターに座る担当者だけでなく、本棚の間で本を返却する職員、あるいはアルバイト職員、ボランティア、業務受託会社の職員、派遣職員など、すべてのサービスに関わる人が利用者とのコミュニケーションを良好なものとするために努力しなくてはならない。

利用者とのコミュニケーションをとるときにかかせないのが、言葉遣いである。言葉遣いを誤ると利用者の怒りを買って、時には教育委員会を飛び越えて、市長のところまで問題が広がることもある。アルバイト職員、ボランティアも言葉遣いの研修を受けるのは当然である。

利用者を遇する場合、敬語が適切に使われると利用者は図書館員に社会性豊かな教養を感じ取り、安心感を持つようになる。そうなると対話がスムーズに進み、信頼関係が生まれる。必要以上にへりくだる

ことはないが、敬語を適切な場面で上手に使うことが求められる。
　以下の表を参考にしながら研修をすすめるとよい。
　以下の表は、永崎一則著『ビジネスマンのための話し方・聞き方ハンドブック―他人を魅了する自己表現とは』（PHP研究所、1993年）に掲出されている表である。[注8]

第1表　ふつうの言葉と接遇用語

ふつうことば	接遇用語
うち	わたくし　わたくしたち　わたくしども
ないんです	ございません
そうですか	さようでございますか
そのとおりです	ごもっともでございます
できません　やれません	いたしかねます
知りません	存じません
分かりました　いいです	かしこまりました　承知いたしました
ちょっと待ってください	少々お待ちください
してもらえませんか	していただけませんでしょうか（お願いできませんでしょうか）
なんとかしてください	ご配慮願えませんでしょうか
もう一度来てください	もう一度ご足労願えませんでしょうか
なんの用ですか	どういうご用むき（ご用件）でしょうか
いま席にいません	ただいま席をはずしております
どうでしょうか	いかがでしょうか
言っておきます	申し伝えます
あとで電話してもらえませんか	のちほどお電話をいただけませんでしょうか
エエ、なんですか	もう一度おっしゃっていただけませんでしょうか

レファレンスサービスの準備と基礎づくり

お名まえはなんというのですか	失礼ですが、お名まえはなんとおっしゃるのでしょうか
知っていますか	お分かりでしょうか ご存じでしょうか
とんでもない とんでもございません とんでもありません	とんでもないです とんでもないことでございます
すみませんが	まことに（たいへん）恐れいりますが
せっかく来てくれましたのに	わざわざ（せっかく）おいでくださいましたのに
はやくしてください	はやくお願いします
ありません すみません ないんです	恐れ入ります、ただいまあいにくきらしております
分かってもらえれば、それでいいんですよ	お分かりいただければ、それで結構でございます
ちょっと声が遠いのですが	少々お声が遠いのですが 電話の場合＝少々お電話が遠いのですが
何か分からない点がありましたら、言ってください	何かお分かりにならない点がおありでしたら、おっしゃってください
あの窓口で聞いてみてください	あの窓口でお聞き（お尋ね）になってみてください

(永崎一則前掲書 p.115、p.117、p.128 によった。図書館のカウンターではあまりないケースなどを勘案して一部割愛したところもある)。

第2表 丁寧語の変化

普通	基調	あらたまった場合
する	します	いたします
いる	います	おります
ある	あります	ございます
行く	行きます	まいります
来る	来ます	まいります
見る	見ます	拝見します

インターネット時代のレファレンス

聞く	聞きます	うかがいます うけたまわります 拝聴します
そうだ	そうです	さようでございます
もらう	いただきます	ちょうだいします
言う	言います	申します

第3表 尊敬語・謙譲語一覧表

普通	尊敬語	謙譲語
する	なさる	いたす
言う	おっしゃる	申す
いる	おいでになる いらっしゃる	おる
行く	いらっしゃる おいでになる	まいる うかがう
来る	いらっしゃる おいでになる	まいる
見る	ごらんになる	拝見する
与える	くださる	さしあげる あげる
もらう	お受けになる	頂戴する いただく たまわる（賜る）
聞く	お耳に入る	うけたまわる うかがう 拝聴する
思う	おぼしめす	存じる
気にいる	お気にめす	
借りる		拝借する
知る		存じあげる
見せる		ごらんにいれる お目にかける
ひき受けた		かしこまりました うけたまわりました

会う		お目にかかる お目もじする
持っていく		持参する

2-6-2. 語尾までしっかり発音する

　語尾をはっきり言う、最後まではっきり言う。これはコミュニケーションを良好にするために欠かせない。日本語は最後の「……である」「……でない」まではっきり言わなければ意味がつかめない言葉である。ある市で窓口の対応を市政評価の一環として行ったが、そのとき、図書館の対応は評価が低かった。市民からのコメントには、若い職員が何を言っているのか分からないというものがあったが、それは語尾がはっきりしない話し方だったからだ。団塊の世代以降の日本人の話し方は語尾がはっきりしなくなった。図書館では特に気をつけたいことである。

　カウンターは利用者と直接言葉をかわすことができるし、必要によってはメモを渡したり、図を書いて説明したり、理解を促進することができる。利用者の反応がすぐに分かるので、分からないかなと思ったら重ねて説明ができる。

　電話の場合は、利用者の顔が見えない、様子が分からないので、誤解を招きやすいことは極力避けてコミュニケーションをとらなくてはならない。

2-6-3. 電話での応対の注意

　電話での応対の一般的な注意事項として、まず、語尾までしっかり発音することがあげられる。この他に次のことがある。

2-6-3-1. 漢字の形は正確に伝える

　地名や人の名前の漢字の形を正確に伝える。回答のときに注意すべ

きことである。例えば次のようにである。
　西田の「西」は、東西南北の「西」です。
　川野の「川」は、三本川の「川」です
　河野の「河」は、「さんずい」に可能性の「可」です。
　石田は岩石、ストーンの「石」と田んぼの「田」を書きます。
　例示で出すものも年齢によって通じるものと通じないものがあるので、日頃から職員の間で意見交換しておくといい。
　これは伝えるということと受け取る場合にも当てはまる。OPACやインターネットの検索のときに使う漢字形を間違えると検索できるものもできなくなる。もちろん、図書館員としては、利用者が示す漢字形で検索するとともに結果を見て漢字形を変えて検索する頭も持たなくてはならない。利用者の言うことが正しいとは限らないからだ。これは検索の時の基本的な姿勢と言える。本の書名や著者名も利用者はよく間違えて言うことがある。勘違い、記憶違いが原因である。かく言う私も本屋に行って、「昨日、新聞の広告で見たのだが○○○××という本が本棚にないのですが」と聞いたところ、店員が新聞を持って来てくれて「どこですか？」と言われて、見たところ、書名が違っていたという経験があった。店員がすぐに新聞を持って来てくれたところをみると、書名を間違える、記憶違いはしょっちゅうあることなのだろう。

2-6-3-2. 数字なども

　また、数字も正確に伝える。
　1、2、3……、では
　1（イチ）、2（ニ、ニイ、フタ）、3（サン）、4（ヨン）、5（ゴ、ゴオ）、6（ロク）、7（シチ、ナナ）、8（ハチ）、9（キュウ）、0（ゼロ、レイ）、10（ジュウ、トオ）
　間違いやすいのが、1、4、7である。
　この他、複雑な数値などは、ゆっくり読み上げ、同音異義語には注意する。また、間違いやすい発音にも気をつける。例えば、記者と貴

社、科学と化学、市立と私立などで、紛らわしいときは私立はワタクシリツ、市立はイチリツというように読みあげる。

また、参考文献の読み方、外国人のカタカナよみなど、朗読ボランティア向けの読み方を書いた本を参考にするとよい。（85ページ参照）

2-6-3-3．あいづちのうちかた

適度にあいづちをうって聞くことも、コミュニケーション上必要だ。せっかちな利用者は、少しでもあいづちが聞こえないと「モシモシ」と聞いてくるが、そうした場合をのぞいて適度なあいづちが必要で、あまり頻繁にあいづちをうつと、かえっていい加減にしか聞いてないのではないかと、不信感をもたれてしまうこともある。

2-6-4．明るくはきはきと—元気な図書館員が、資料も利用者も元気にする

以上のようなことを注意しながら利用者とコミュニケーションをとる。

ともあれ、図書館員は、明るく元気であってほしい。というのは、図書館員は本と利用者の仲立ちをしている。図書館員が元気だと本も元気になる。本はいつもは本棚に眠った状態になっている。しかし、利用者が、本を手にとったり中を覗いたりすることで、本は〈元気〉になる。人と出会うことで〈元気〉になる。一方、人も本と出会うことによって〈元気〉になる。

この2つの〈元気〉を仲立ちするのが図書館員である。この仲立ちをする図書館員が「暗い」と〈元気〉になる人と本が少なくなる。図書館員は明るくなくてはいけない!!

もう少し難しい言い方をすると、本は人に働きかけること、手にとってもらうこと、読んだり調べ物に使ってもらうことによって、「新しい価値」を生み出す。その「価値」を生むのは人で、人が社会の中で、本を読むことなどをきっかけに行動したり、考えたり、ものを書いたりすることで、価値が生まれる。図書館は、本を通して人に働き

かけることで、地域社会の中に価値を生み出す場所、空間と言える。
　以上の事柄は、図書館員である以前、あるいはすべての働く人に共通する事柄とも言える。図書館員は、社会人としても普通以上の人であってほしい。
　利用者と普通に会話ができるようになったら、次は資料や情報の調べ方である。これは奥が深いので、最初から洞窟の奥に入ってあれやこれやトレーニングをしても迷路に迷い込んで、白骨死体となって発見されるということになりかねない。新任の職員を教える先輩職員も心することである。いきなり迷路に迷い込んでしまうと、レファレンスはやっぱり難しい、自分には向いていないということになってしまう。これは図書館員としても残念なことである。なぜならレファレンスは図書館の仕事の中でも一番楽しい仕事だからだ。調べる楽しみと同時に、利用者とのコミュニケーションの中で利用者に満足してもらえるということを実感することができるサービスだからだ。
　まず、本当に基本的なことを学んでもらい、カウンターに立ってもらう、これが必要なことである。このとき、利用者に声をかけられたらにこやかに対応して、質問されたら質問記録票になにはともあれ正確にメモを取るということを励行してもらう。利用者の話に耳を傾け、質問内容を正確にメモに取り、利用者に質問内容を確認する。これさえできれば、利用者との行き違いはなくなる。
　苦情処理は先輩に任せる。これは落ち着いて応対することができることが必要で、経験が必要だし、図書館のサービスや規定・方針等に精通していることが必要だからだ。カウンターの下にブザーが用意されているだろうから、苦情を聞きながらブザーを押して、「助けてくれ、すぐに誰か来て」という予め決められた信号を送る。事務室から先輩が駆けつけてくれるだろう。
　さて、これからはまず質問を受けて調べる過程に入るとして、調べる方法の基礎から説明していこう。

3. 調べる力を身につける―レファレンス質問・回答サービスの基礎

3-1. 資料の調べ方の基礎

3-1-1. NDC に親しむ、相関索引を使う

　まず、NDC にできるだけ親しむ。
　図書館の資料には必ず背にラベルが貼ってあって、その 1 段目には NDC の番号が書かれている。これが日本語でどのようなことを表しているのかを覚える。最初にある 0 は総記、3 は社会科学、というようにである。次に、その番号が書いてある本がどの本棚に置いてあるか書架図とともに頭に入れる。「教育の本はどこにありますか？」と聞かれたら、ラベルの最初に 37 という番号が書かれている本で、○○番の本棚にある、ということが頭に浮かぶようにしておく。分からないときは、NDC の相関索引で探せばいい、ということも頭に入れておく。
　図書館に異動してきたばかりの職員に話を聞くと、探し方が分からないという人がいるが、本を探す方法の基礎の基礎を知っていればとりあえず何とかなる。そのとき、図書館員がすべてにわたって知っている必要はないし、知らないことを聞かれることの方が多い、ということも頭に入れておいて、知らないことを聞かれたとき、どのようにするとよいかを知っていればいい。
　例えば、知らないことを聞かれたとき、それがどのようなことであるのかをそれとなく辞書を調べながら利用者に聞くとか、「○○に関する本がどこにあるか」と聞かれて、その「○○」が分からないときは、まず、NDC の相関索引を手にして、キーワードがアルファベット、50 音順に並んでいるので、そこで「○○」がないか探して、あれば、

インターネット時代のレファレンス

番号を確認して、その番号の本がある本棚へ利用者を案内すればいい、という具合である。

　相関索引になければ、OPACで「○○」という言葉を書名の項目に入れて検索すればいい。本があれば、詳細情報の画面で分類番号を確認して、その番号の本が置かれている本棚に案内する。OPACで検索しても本がない場合は、本ではない可能性が高い。その時は、その旨を利用者に伝えながら、出版情報のデータベースに切り替えて検索して、あればそれを利用者に伝える。そこで、県立図書館や周辺の自治体の図書館の所蔵を検索して、あれば借りるかどうか聞いてみる、ということになる。これはマニュアルに書かれているだろうから、その通りにキーボードをたたけばよい。このようなとき大切なのは、利用者との良好なコミュニケーションを上手にとり続けることができるかである。

　次に資料の調査やインターネット情報源の検索に関してごく基本的な事柄をあげておこう。これを身につけておけば明日からカウンターに立ってもなんとかなる。

3-1-2. 本の所蔵について調べる方法の基本

　本の所蔵は自館のOPACで検索する。OPACの検索項目は書名、著者名、出版社、出版年、分類がある。件名がある図書館もある。出版年では、出版された時期を指定することもできる。分類は、NDCを使って調べるもので、相関索引も使いながら検索する。件名は件名標目表が別にあるので、それを参照しながら検索する。こうした検索方法の基本を身につけておく。

3-1-3. 特定のテーマについての本を聞かれたら……

　特定のテーマについての本は、まず、自館のOPACで検索する。書名の項目にキーワードを入力して検索する。キーワードも一つではなく、関連するものも念頭において、幾つかで検索するとよい。また、分類や件名の項目も使って絞り込んだり、分類と書名のキーワー

ド、件名と書名のキーワードを使ったANDの検索もする。さらに、図書館で所蔵していない本についても聞かれるので、国立国会図書館の「NDL-OPAC」での検索もできるようにしておく。新刊書の検索は、取次会社や大型書店のデータベースでも検索する。これらも検索できるようにしておくとよい。

3-2. 事実についての調べ方の基礎

3-2-1. 百科事典は複数あればそれぞれ調べてみよう

　事実調査は、統計や世論調査など、統計書や世論調査結果報告書など調べるべきレファレンスブックがはっきりしていれば、まず、それらを手にする。一般的には百科事典をまず手にする。言葉の意味などは、国語辞典を手にする。こうしたとき、同じ種類の、また類似のレファレンスブックがあれば、かならずそれらをそれぞれ調べて利用者にあわせて示すようにする。百科事典でも国語辞典でも、同じ見出しでも記述の内容が違っていることが少なくない。

3-2-2. インターネットはGoogleだけですませないように

　インターネット情報源も同じである。総合的な検索エンジンは、Googleだけですませないで、あわせてYahoo!JAPANなども検索する。検索結果が異なるときがある。それらをあわせて提供する。

3-3. よく聞かれる質問の調べ方を知っておこう

　よく聞かれる質問がある。例えば、夏になると小・中・高校生の自由研究や調べ学習のテーマなどである。また、就職活動に関連して会社を調べたり、会社役員を調べたりする過程で聞かれることも多い。さらに会社の取引先の金融機関などもよく聞かれることである。また、特定地域の各種の地図についてもよく聞かれる。これらはレファレンスの質問事例を調べると分かる。それらは質問と調べるレファレンス

インターネット時代のレファレンス

ブック、インターネット情報源をあらかじめリスト化しておいて、聞かれたら提示して、利用者が自分でも探せるようにしておくとよい。地域の地図の場合は、地図を年代順にリスト化しておくといい。

3-4. 本当に基本的なレファレンスブックを知る

　基本的なレファレンスブックの中でも、これだけはとりあえず知っておこうという、本当に基本的なレファレンスブックがある。これはなにはともあれ、初心者であればまず、覚えておくといいというものだ。タイトルを覚え、本棚で確認して、色と形を覚えておこう。これらに収録されている事項等と検索の仕方を覚えておくといい。それは次のようなものである。

1. 『国史大辞典』(同編集委員会編、吉川弘文館、1979-97、17冊)
2. 『日本国語大辞典』(同編集委員会編、第2版、小学館、2000-2003、13冊と別巻)
3. 『大漢和辞典』(諸橋轍次編、修訂第2版、大修館書店、1989-90、13冊および別巻2冊)
4. 『日本大百科全書』(第2版、小学館、1994-97、26冊)
5. 『理科年表』(丸善、年刊)
6. 『角川日本地名大辞典』(同編集委員会編、角川書店、1978-90、47冊および別冊)
7. 『国書総目録』(森末義彰ほか編、補訂版、岩波書店、1989-90、9冊)
8. 『世界大百科事典』(平凡社、1988、31冊および別冊)
9. 『広辞苑』(新村出ほか編、第6版、岩波書店、2006年)
10. 「人物レファレンス事典」(日外アソシエーツ、1996-2003、20冊)
11. 『日本統計年鑑』(日本統計協会、年刊)
12. 『現代用語の基礎知識』(自由国民社、年刊)

　少し説明しておくと―。

調べる力を身につける

 1.『国史大辞典』は、日本の歴史事典の代表的なもので索引が完備している。日本の図書館で一番よく使われている辞典で、レファレンスカウンターのそばに副本で索引を置いておくといい。
 2.『日本国語大辞典』は、国語辞典の大部なもので、あらゆることばが収録されている。100近い専門事典の項目を見出しに採用しているので、専門用語も収録されている。まず日本語のことばの意味はこれで調べる。
 3.『大漢和辞典』は、漢和辞典の代表的なもので索引が完備しているのでレファレンスカウンターのそばに索引だけでも副本として購入して置いておくといい。編者の諸橋轍次の名前から「諸橋大漢和」という愛称で親しまれている。困ったときの「諸橋大漢和」と言いながら私も使っていた。
 4.『日本大百科全書』と8.『世界大百科事典』は日本の百科事典の代表的なもので、あわせて活用すべきものである。
 5.『理科年表』は、自然現象やさまざまな事柄を調べるのに適している。
 6.『角川日本地名大辞典』は地名辞典の代表的なもので、歴史地名辞典には平凡社の『日本歴史地名大系』（平凡社、1979-2005、全52冊）がある。
 7.『国書総目録』は、日本の近世以前の資料を調べるときに活用するもので、第8巻には読みが確定できない資料や韓国語、中国語他の言語で書かれた資料が収録されている。
 9.『広辞苑』は、中型国語事典の代表的なもので、三省堂の『大辞林』、小学館の『大辞泉』とあわせて使うものである。この3つはそれぞれに特徴がある。『大辞泉』は百科事典的な性格を持っている。『大辞林』は新しい意味も積極的に採用している。『広辞苑』は、比較的広く認められた（固まった）意味を採用している。
 10.「人物レファレンス事典」は、人物事典の事典とでもいうべきもので、人物について調べるのであれば、まずこれを調べる。詳しい記述のある人物事典のタイトルなどが書かれているので、それを探し

て所定のページを開くと詳しい記述を読むことができる。

　11.『日本統計年鑑』は、日本の統計を調べるツールとしてまず見るべきもので、2次統計書である。これで調べてあればその統計表を利用者に示して、さらに詳しいあるいは新しい統計を求められたら、統計表の下にある出所に書いてある統計を作成した機関や統計調査を調べる。世界の統計は、『世界の統計』という2次統計書から調べ始めるといい。ともにインターネット上にある。

　12.『現代用語の基礎知識』は、新語辞典の代表的なもので、文章も分かりやすい。

　この他、『会社四季報』（東京経済新報社 季刊）、『六法全書』（有斐閣 年刊）、『帝国データバンク会社年鑑』（帝国データバンク 年刊）、『日本美術作品レファレンス事典』（日外アソシエーツ）、『統計情報インデックス』（総務省統計局 年刊）、『日本国勢図会』（矢野恒太記念会 年刊）、『西洋美術作品レファレンス事典』（日外アソシエーツ）、『ブリタニカ国際大百科事典』（ブリタニカ）、『雑誌新聞総かたろぐ』（メディア・リサーチ・センター 年刊）、「現代日本文学綜覧シリーズ」（日外アソシエーツ→45～50ページ参照）なども基本的なレファレンスブックのリストに加えてよい。

　以上で取りあげたレファレンスブックは、カウンターの周囲、職員の手の届く本棚に置いておくことが望まれる。また、それらを中心にして副本を購入してレファレンスブックのコーナーに置いておき、利用者にも自分で手にとって調べることができるようにしておく。

3-5. インターネットの検索方法を知っておこう

　インターネットではさまざまなことが分かる。まず、検索方法を知ることが必要である。インターネット上のページを検索する道具には「総合的な検索エンジン」がある。それぞれの最初のページにあるテキストボックスにキーワードを入力して検索する。

3-5-1. 総合的な検索エンジン

　総合的な検索エンジンには、代表的なものにGoogle、goo、Yahoo!JAPAN、MSN、Livedoorなどがある。ネットワークプロバイダーも独自に同様の検索エンジンを作っている。検索エンジンのページには、その運営会社が用意している各種のサービスがリスト形式やアイコンで並んである。これらも検索エンジンと一緒に使えるようにしておくといい。
　検索エンジンには、2つの種類がある。ひとつは、ロボット型検索エンジンで代表例としてはGoogleがあげられる。いまひとつは、登録型検索エンジンで代表例としてはYahoo!JAPANがあげられる。ロボット型は、運営会社が作ったロボットというプログラムをインターネット上に巡回させて検索用のデータを収集するもので、検索対象のホームページの数は多い。一方、登録型は、ホームページを作った団体・個人が申し出て、運営会社が審査の上、よいものは検索できるようにしたもので、検索対象のホームページは少ないが、検索結果にあまりゴミは混ざらない。
　こうした性格の違いがあるので、図書館でレファレンスサービスのときに使う場合は、両方を同じキーワードで検索して利用者に結果を紹介するように心がける。また、検索エンジンにも得意不得意の分野があることも知っておく必要がある。例えば、Yahoo!JAPANは教育関係は強いなどである。こうした点からも、検索エンジンはひとつですませないで、いくつか検索して、それぞれを提供する必要がある。

3-5-2. レファレンスで活用すると便利な技法

　総合的な検索エンジンは、特に次のようなときに効果がある。
　①既存の辞書や新語辞典に載っていない新しい言葉の意味を調べたいとき。
　②いろいろな分野で使われている言葉で、それぞれの分野での意味内容を知りたいとき。

③特定のキーワードに関するページのうち、ファイルの種類を指定して検索したいとき。
　なお、これとは別によく使うサービスとして、Googleの「I'm Feeling Lucky」がある。これは会社の公式ホームページなどただ1つしかないものをワンクリックで表示させたいというときに使う。とても便利なサービスである。

3-5-3. オプション検索あるいは詳細検索

　総合的な検索エンジンには、テキストボックスにキーワードなどを入力して検索する画面の他に、オプション検索あるいは詳細検索の画面が用意されている。AND, OR, NOTのブーリアン演算子を使った検索やファイルの種類、アップされた時期などを指定した検索ができる。それらの項目が用意されていて、テキストボックスにキーワード等を入力すれば検索できるようになっている。

3-5-4. 総合的な検索エンジン運営会社のサービス

　これには各種のものがある。
①辞書事典の検索サービス
　とりあえず言葉の意味を知りたいというときは、辞書・事典を使うといい。「Yahoo! 辞書」では、『大辞林』、『大辞泉』など中型の国語辞典や小学館の百科事典『ニッポニカ』の旧版も提供されている。
②地図検索サービス
　各社地図の検索サービスに力を入れている。日本地図と航空写真を組み合わせて提供しているところもある。Googleのように世界の地図と衛星写真を提供しているところもある。これらは建物名、地名などで検索できる。
③経路検索サービス
　出発地点から目的地までの経路と時間、料金が分かるもので、これも各社それぞれに提供している。
④映画、音楽、本の検索サービス

映画、音楽、本の検索もできるところがある。GoogleのBook検索は、図書の全文検索ができる。英語図書は多いが、日本語図書はまだ数が少ない。検索できるものには全文の他、目次だけ、20ページまでなど段階が設けられている。

⑤雑誌論文等を探す

雑誌論文などのうちデジタル化されたものは、総合的な検索エンジンでも検索できるが、それだけを対象に検索できるようにしたサービスをGoogleが「Google Scholar」で提供している。国立情報学研究所のサービス「CiNii（NII論文情報ナビゲータ）」とあわせて使うといい。

⑥翻訳サービス

翻訳サービスも各社提供しているが、インターネット上のページを翻訳して検索するサービスはGoogleがいい。これは英語など翻訳したい言語を指定した上で、日本語に翻訳して検索するサービスである。検索結果の一覧、また個々のページも日本語に機械翻訳して表示してくれる。手がかりを得たいときに使うといい。

注意

検索エンジンで検索する場合、かならず複数の検索エンジンで検索して、それらの結果を利用者に示す。また、時には結果一覧や個々のページ、サイトを評価する必要がある。

言葉のよみ、地名のよみ、人名のよみなどは、総合的な検索エンジンでは検索しない。根拠がはっきりしない「よみ」があふれている。これらは、言葉のよみは、国語辞典、古語辞典、漢和辞典で、地名のよみは、国土地理院の「ウォッちず」で、人名のよみは、日外アソシエーツの「人物レファレンス事典」で調べる。→ 85 ～ 93 ページ参照

3-6. 質問に回答するときの留意事項

相談・質問を受けて調べて回答するときのおもな留意事項には次のものがある。

インターネット時代のレファレンス

(1) 印刷資料やインターネット情報源など記録されたものに基づいて回答する。自分や人の記憶によって回答することはしない。記憶は不確かで根拠がはっきりしているようでも突き詰めてみるとはっきりしないものが多い。また、時間が経過すると忘れたりする。

(2) 調べた経過や調べた印刷資料、インターネット情報源の検索方法なども必要に応じて説明する。質問者がそれをメモして自分で同じように調べて再現できるということが必要である。電子メールでの回答も、受け取った質問者が同じように調べて同じ結果に到達できるように配慮して書く。また、必要に応じて質問者が確かに質問した内容に対する回答だと判断できるように参考情報を回答に添えて提示する。例えば、『外国映画原作事典』(日外アソシエーツ刊、2008年)の値段を聞かれたとき、値段とともに基本的な書誌情報、つまり書名、編著者名、出版社、出版年、版などを回答に添えて示す。

(3) カウンターでは、間違えやすい事柄や請求記号などはメモで渡す。メモをするなど過剰サービスだという人がいるが、カウンターで応答していると実際にメモをする人は少ない。「分類番号は371.4です、37番の本棚にいらしてください」と言うと分かったと言って指さす方向へ歩いて行って、途中で、371.4が314.7に変わったりして、本棚の番号も不確かになり、結局目的の本棚にたどり着かず、カウンターにどなりこんでくる利用者もいないわけではない。その場合、図書館員が悪いということになってしまう。良好なコミュニケーションを維持するという意味からも、メモをして渡す、できれば書架図にメモを書き入れて、所定の場所に丸をつけて渡すというくらいのサービスは実施してほしい。

(4) 電子メールでは、読んだ質問者が、書いてある通りにコンピュータを操作して同じ回答にたどりつくことができるように書くというのが基本だ。インターネットの検索では、検索に使ったキーワードは書いた方がいい。また、分かりにくい画面推移は、クリッ

クするボタンやバーも書いておいた方がいい。「本屋の店頭に在庫があるか？」という質問に対して、紀伊國屋書店本店の店頭在庫を検索して、あったときは、「紀伊國屋書店本店の店頭にある」と回答するが、該当する画面にたどり着くのは初めての人にはなかなか難しい。丁寧な説明が必要だろう。

（5）電話では複雑な統計の数値や分かりにくい棋譜などをよみあげるようなことはしない。トラブルの原因となる。また、「特定の資料が他の図書館に所蔵されているか？」という質問に対して、所蔵されていることが分かったとき、当該の図書館の電話番号を伝えたうえで、本棚にあるかどうかも含めて聞いてもらうようにする。請求記号は伝えない。これもトラブルの原因となる。

（6）調査をする時間はマニュアルにも書き込む。一般に最大2時間程度とする。電話の場合は、5分以内とか、短い時間にして、その時間で回答できない場合は、利用者からもう一度かけてもらうようにする。その場合でも、1件にかける時間は2時間程度である。こうした制限は利用者への公平なサービスという観点から必要である。

（7）インターネット情報を検索して一覧が表示されたとき、一般的に内容を確認してから選んで紹介をする。一番上から順次紹介するようなことはしない。なぜなら、関係のないものが1ページ目の5、6番目に表示されるということがあるからだ。また内容が新しいものが上から並ぶとは限らない。ケースバイケースとしかいいようがないが、図書館としてはサイト評価の一般的な基準を作成して、一応、それに基づいて評価しつつ紹介する。サイト評価基準は一定の時期をおいて見直しをする。

4. レファレンス質問・回答サービスの強固な基盤を作る

4-1. 相談・質問にはいろいろある

　図書館に寄せられる相談にはいろいろある。相談といえないような、なかには老人で図書館員と話したいからという人もいる。
　こうしたさまざまな人のさまざまな相談・質問を受けて、さりげなく上手に、調べる質問とそうでないものに分けて、それぞれに応対するのも図書館員の技術のひとつである。
　図書館員と話をしたいという人がカウンターに来て、話をするので聞いていても、次に入ってきた利用者が、カウンターに聞きたいことがあったのに質問している人がいるのでどうしようか、というそぶりを見せたときは、話をしている老人に、少し待ってもらう。質問したいという来館者に声をかけ、質問を聞き、回答して、また老人の続きを聞くというような臨機応変の対応をする。こうしたことができるようになるには経験が必要だが、経験を積むと図書館に入ってきた時の利用者の素振りや雰囲気によって、何をしたいのか分かるようになる。図書館員としての観察眼が経験を通して作られてくるのである。
　図書館に来館した人は一般に、①なにか面白い本はないか？、②Ａという本を見たい・読みたい、③Ｂという人が書いた本はないか？あるだけ見てみたい、④特定のテーマに関する本や雑誌などを調べたい、⑤オンラインデータベースで検索したい、⑥インターネットを使って調べたいなどの希望を持っている。まずは自分で調べてみるが、分からなかったときに、すぐに聞くことができるような図書館であることが望まれる。
　聞きたいと思うときは、①から④は本棚の間を歩いている時が多い。そのとき、本棚の間から相談できるカウンターが見えた方がいいし、近くに図書館員がいればその人に聞く。わざわざどこか違った部屋や

違った階に歩いていこうとは思わないし、本棚の本を前に思うので、そこから遠く離れると質問をしようという意欲とともに本棚のイメージも薄れてしまって、わざわざ聞くこともあるまいということになる。奥まったところにレファレンスカウンターを置いている図書館はそれだけで利用者の要望を受け止めるチャンスを逃してしまっている。

　これは図書館の生命にかかわることにもなる。上記のケースのように「まあ、いいや」という気持ちを起こさせるような図書館の空間構成は避けなくてはならない（そうした「まあ、いいや」という気持ちを起こさせるような空間構成の図書館は少なくない）。

　また、利用者の動機もさまざまある。動機まで最初から聞く必要はない。それはできるだけ利用者が隠しておきたいことでもある。図書館と利用者の親密な関係があるところでは、ざっくばらんに聞いてもいいだろうが、日本では一般的にそのようにはなっていない。「そうしたことは図書館に電話で聞けばすぐに教えてもらえるから図書館に電話したら」とすすめても多くの人は聞こうとはしないということにあらわれている。都市部を離れるとこの傾向は顕著になる。偉い役人にそんなこと聞いてもいいのか？と思う人もいる。こうした心理的な壁がまだ根強く存在する日本では、いきなり動機を聞くのは、その壁を高く厚くするようなものである。

　すでに述べたが、とりあえず何でも気軽に質問してもらうということが必要で、いわゆるレファレンスの質問であるかどうかはあとで考えれば良い。

　ところで、レファレンスの質問でも内容は多様でさまざまなものがある。質問を分類・分析して、効率的に回答できるようにするとよい。次にそれを考えてみたい。

4-2. 質問類型別の特性を知る

4-2-1. 質問の類型

　レファレンス質問・回答サービスでは、受付ける質問の内容とそれ

インターネット時代のレファレンス

に対応する調べ方・調べる範囲によって、おおむね書架案内、所蔵調査、所在調査、書誌事項調査、文献調査、事実調査、調べ方案内などに分けられる。

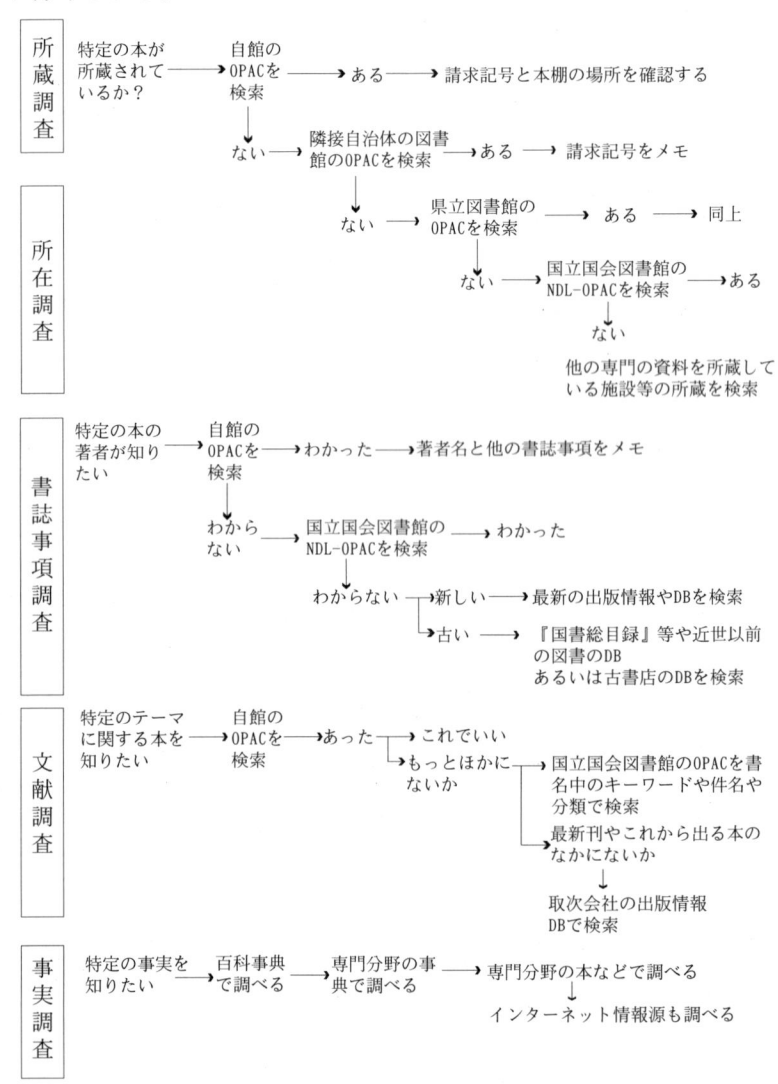

所蔵調査
- 特定の本が所蔵されているか？ → 自館のOPACを検索 → ある → 請求記号と本棚の場所を確認する
- ない ↓

所在調査
- 隣接自治体の図書館のOPACを検索 → ある → 請求記号をメモ
- ない → 県立図書館のOPACを検索 → ある → 同上
- ない → 国立国会図書館のNDL-OPACを検索 → ある
- ない → 他の専門の資料を所蔵している施設等の所蔵を検索

書誌事項調査
- 特定の本の著者が知りたい → 自館のOPACを検索 → わかった → 著者名と他の書誌事項をメモ
- わからない → 国立国会図書館のNDL-OPACを検索 → わかった
- わからない → 新しい → 最新の出版情報やDBを検索
- 古い → 『国書総目録』等や近世以前の図書のDB あるいは古書店のDBを検索

文献調査
- 特定のテーマに関する本を知りたい → 自館のOPACを検索 → あった → これでいい
- もっとほかにないか → 国立国会図書館のOPACを書名中のキーワードや件名や分類で検索
- 最新刊やこれから出る本のなかにないか → 取次会社の出版情報DBで検索

事実調査
- 特定の事実を知りたい → 百科事典で調べる → 専門分野の事典で調べる → 専門分野の本などで調べる
- インターネット情報源も調べる

第2図　質問類型別調査過程簡略図

書架案内は特定のテーマの本がどこにあるか、という質問に対して本が置いてある書架（本棚）を案内するものである。利用者が並んで待っていない時は、一緒に書架へ行き、待っている時は書架図に○をつけて利用者に渡して、自分で探してもらう。高齢者は他の利用者が待っていても一緒に書架へ行く。

　所蔵調査は、利用者から特定の資料をここの館で所蔵しているか聞かれて、自館の OPAC を使って調べるというもので、所蔵されていない場合、利用者がそこであきらめてしまえば質問・調査は終了する。しかし、どこか他の図書館等に所蔵されていないか、ということになると、所在調査に発展するし、市販されていないかとなると文献調査になる、さらに書店を通して入手できるものであることが分かったときに、その資料を図書館で購入してほしいということになるとリクエストになる。

　所在調査は、特定の資料がどこかの図書館等に所蔵されていないか調べるものである。

　書誌事項調査は、本や雑誌の書誌事項の一部を調べるもので、本の著者や出版社、雑誌の出版社などが多い。

　文献調査は、特定のテーマの本や雑誌論文、新聞記事、インターネット情報源などを調べてリストアップするものである。

　事実調査は、特定の事実について調べるものである。

　調べ方案内は、文字通り調べ方を案内するもので、大きく①当該館が所蔵している資料やアクセスできる情報源について調べる方法について案内するものと、②広く日本全体や世界の図書館、インターネット情報源を対象に網羅的に調べる方法について案内するものに分けられる。

　所蔵調査などで、図書館が定めたひとつの質問にかける調査時間を超えたときに、調査を途中で打ち切って、調べた経過を説明して、その後の調査方法を案内して終わることもある。

　それぞれの調査は、対象となる資料（例えば、本だけに限定してとか、雑誌論文と新聞記事だけでいいとか）によって、また文献調査は

テーマによって調べ方は違ってくる。

　書架案内は単純なものなので、ここではそれ以外の質問類型について調査過程の特性を見ていこう。

4-2-2. 所蔵情報

　所蔵調査は簡単である。所蔵調査は、はたしてレファレンスの質問なのか、簡単なものでレファレンスの相談と言えないのではないか、という質問を受けることがある。実際、私が都立中央図書館の相談係にいたときに、上司として交通局から移動してきた課長にそのように聞かれたときがある。

　たしかに所蔵調査は自館の OPAC を検索しておしまい、というものもある。しかし、所在調査、文献調査などに展開していく質問も少なくない。

　具体的な事例で考えてみよう。カウンターで質問を受けている場面を想定している。

4-2-2-1. カウンターで

　「永井一則が書いた『話し方聞き方ハンドブック』をここの館で所蔵しているか」という質問は、OPAC で調べればすぐに所蔵しているか、所蔵していないか分かる。

　所蔵していないときは「所蔵していません」、所蔵しているときは「所蔵しています」で終わりである。

　そこで済むときはそれでいいが、「所蔵しています」と伝えたら、「どこの本棚にあるか」と続いて聞いてくるときは、請求記号をメモして、一緒に本棚に行く。そこで一緒に探してあれば、「これですね」と手渡す。

　しかし、カウンターに利用者が列を作って待っているような状況のときは、書架図に本があるだろうと思われる場所に〇印をつけて、「ここの本棚にあるはずなので、ご自分で探していただけますか」と案内する。そのとき、貸出中でないか OPAC の画面で確認しておく。こ

の場合、ハンドブックなので「レファレンスブック」の本棚にある可能性もある、その場合、「レファレンスブックなので館内で見ていただくことができるだけです」と言い添えることも忘れないようにする。

　一般の本の扱いで、貸出中のときは、その案内をして返却日がいつになるか知らせる。すると利用者があきらめて立ち去ってしまえば、そこで質問は終わるが、「急いでいるので、本屋に行って手に入るか」と聞いてくるときもある。本屋に行って手に入るものかどうかは、近くの本屋に電話して聞いてもらうより他にない。

　ただ、近くに大型の本屋があってその在庫をインターネットで検索できるようになっていれば、検索する。在庫があればその旨を伝える。ただ、これも今日の朝10時の開店時に本棚にあることが分かるだけで、その後すぐに売れてしまった場合はないことも伝える。買いに行くのであれば、書店に電話して本棚にあればとりおきしてもらうように案内する（この場合は、当該の本屋にとりおきサービスをしているか事前に確認しておき、対応マニュアルに書き込んでおく）。

　本屋に注文して手に入るものなのかは、取次会社のデータベース、「本やタウン」、「e-hon」を検索すると分かる。取次会社の倉庫にあって数日で本屋に届けることができるという表示があればそれを案内して、出版社から取り寄せになるという表示があれば、それを告げて、もよりの本屋に注文しても2週間くらいかかると伝える。

　すると急いでいる利用者は、もっと早く手に入る方法はないか聞いてくる。「直接出版社に電話してお聞きになられた方がいいでしょう」と言って、出版社のホームページを開いて、所在地と電話番号をメモ用紙に書いて渡す。もちろん、列を作って待っているような状況のときは、自分でメモをしてもらい、次の人と応対する。この場合は、オンライン書店を案内する方法もある。オンライン書店に在庫があれば、数日で届く。

　「急いでいないので待つから他の図書館から借りてもらえないか」ということになると、まず、周辺自治体の図書館の所蔵を調べる。あればその旨、利用者に伝えて借りるかどうか聞く。なかには自分で行っ

てみるという利用者もいる。借りるのであれば、手続きをする。いつごろ届くか知らせる。（レファレンスブックのときは借りることができないことを伝える）。

　なければ、県立図書館の所蔵を調べる。所蔵していて借りることができる本であれば、県立図書館に貸出の申込みをして、いつ頃届くか確認をして、その旨、利用者に伝える。1、2日で届くところもあれば、1週間以上かかるところもある。

　県立図書館になければ、国立国会図書館の所蔵を調べる。公共図書館は、国立国会図書館からも資料を借りることができる。

　事例が、『話し方聞き方ハンドブック』という比較的よく売れている本なので、以上のように比較的簡単な過程をたどって終了する可能性が高いが、利用者が求める資料によってはもっと複雑な過程をたどることになる。

　次に、それを検討する前に、電話で質問されたときのことを考えてみよう。

4-2-2-2. 電話で

　電話では、カウンターとは違った展開となる可能性がある。
　「所蔵しています」と答えたときから考えてみよう。
　利用者が、「今からそちらに行って閲覧することができるか」と聞くときもあるし、「例えば、B市A町に住んでいるのだが、近くの図書館で借りることができるだろうか」と聞くときもある。
　B市A町の近くにB市立図書館があれば、B市立図書館の所蔵等を調べて、所蔵していれば、貸出中かどうかも調べて、貸出中でなければそれを案内して、直接図書館に行ってカウンターで聞くように案内する。電話で請求記号は伝えない。トラブルの原因となる。
　もしB市立図書館で「とりおき」のサービスをしているのであれば、電話をかけて「とりおき」をしておいてもらってから行くように案内する。
　電話を受けたのが県立図書館だと、また違った対応となる。県立

図書館で所蔵していれば利用者の近くのB市立図書館に本を送ることになる。ただし、県立図書館の所蔵と同時にB市立図書館のWeb-OPACで所蔵を調べて所蔵されていて貸出されてない状態であれば、B市立図書館に電話してもらう。利用者によっては自動車などですぐに駆けつけるかもしれない。B市立図書館が所蔵していなければ、県立図書館からB市立図書館に送る、つまり協力貸出することになる。市立図書館に届く日を知らせる。

もちろんレファレンスブックの扱いであれば、まったく別の対応になる。貸出できないことを伝える。

所蔵していなかった場合、さらに本屋で手に入るか、手に入らないのであれば、他の図書館などにないか、他の図書館から借りられないか、などなどが考えられる。これは、カウンターでの対応で説明した通りである。

4-2-2-3. 図書の一部に収録されているものを探す

次に、所蔵調査が複雑な過程をたどる例を紹介しておこう。それは例えば本の一部として収録されている作品を探すというものである。

具体的に考えてみよう。次のような例がある。

①小説で過去に単行本として出版されたが、今は書店を通して手に入らなくなっている本。これは結構多い。新刊書はすぐに絶版になる。

②小説だが短編で単行本として出版されたときも、単行本のタイトルとして採用されていない作品。具体的な例として、司馬遼太郎が書いた「覚兵衛物語」。

③論文集の中に収録されている論文で、雑誌論文として発表されていない論文。例えば、大串夏身「日本史関係研究・史料情報の蓄積方法についての一考察」がある。

④著名な作家の短文でそれも雑誌のコラム程度の短文である。具体的な例として、次のような質問がある。

毎日新聞2005年4月9日の記者コラム「発信箱」に中野重

治の"ものいいの柔らかさ"というエッセーへの言及がある。
　　　そのエッセーを全文で読みたい。（岡山県立図書館、レファレンス協同デー
　　　タベース管理番号 M06052312252444、事例作成日 2006 年 4 月 13 日）
⑤著名な作家の文章で、ある作品の章のタイトルを利用者がひと
　つの作品と思って質問してきた。具体的な例として、次のような
　質問である。
　　　三木露風が書いた「苦行の生活」という文章があるそうだが、
　　　読んでみたいと思っている、分からないか。
⑥著名な作家の文章で、教科書にタイトルを変えて収録されてい
　る。例えば次のような質問である。
　　　中学校の教科書で長谷川四郎の「少年」という作品を見たこ
　　　とがある。作品の全文を読みたい。（岡山県立図書館、レファレンス協同デー
　　　タベース管理番号 M07073108360774、事例作成日 2007 年 5 月 21 日）
　以上のようなものが考えられる。
　①から順次検討してみたい。
　①は、国立国会図書館などが内容細目として過去に出版された作品
を採用しているので、自館の OPAC で検索できなくても、国立国会
図書館の「NDL-OPAC」で検索すると収録している全集名などが分
かるときがある。[注9] 全集名などが分かったときは、もう一度自館の
OPAC を検索してみる。あれば、それを利用者に示して、それでよ
ければ借りてもらう。
　これは利用者が最初から全集の中に収録されていないか聞いてき
た場合で、通常は、自館の OPAC から検索をはじめて、県立図書館
や国立国会図書館の OPAC を検索したときに、全集の中に収録され
ていることに気がつくことになる。全集の中に収録されていないか聞
かれた場合、自館の OPAC で検索してなかったときは、できるだけ
所蔵数が多い図書館で検索してみた方が早く分かる。日本の場合は国
立国会図書館となる。
　②も同様である。
　③は、まず国立国会図書館の「NDL-OPAC」で検索するが、分か

らない例である。これは『西垣晴次先生退官記念宗教史・地方史論集』（同編集委員会編、刀水書房、1994）の 308 〜 330 ページに収録されているものだが、国立国会図書館は論文集の中のすべての論文を内容細目に入力しているわけではない。したがって例のように検索できないものもある。これは、日外アソシエーツの『論文集内容細目総覧』でないと分からない。（また、こうしたものは、日外アソシエーツ提供の商用オンラインデータベース「MAGAZINEPLUS」で検索すると分かる）。

なお、文学作品の場合は 45 ページで紹介する日外アソシエーツの「現代日本文学綜覧シリーズ」で分かる場合もある。（第 4 表「現代日本文学綜覧シリーズ」収録期間等一覧参照のこと）

雑誌論文として過去に発表されたものは、国立国会図書館の「雑誌記事索引」や国立情報学研究所の「学術コンテンツポータル」を検索すると分かる可能性がある。事例の場合は、論文集のために書き下ろしたもので、その可能性はない。

④の具体的な質問例は、岡山県立図書館に寄せられた質問例で、また国立国会図書館の「レファレンス協同データベース」[注10]に登録されている事例で、インターネット上の OPAC などでは調べることができない事例である。[注11]

回答では、――「全集／個人全集・作品名綜覧 第Ⅳ期」『現代日本文学綜覧シリーズ 27』（2004）の 1357p に、「ものいいの柔らかさ―私の好きな言葉（中野重治）」とあり、『中野重治全集 22』（筑摩書房）629p に収録されていることが分かる。――とある。

なお、この回答文は、さらに全集の巻末の解題にあたってその文章も紹介している。

⑤は、④と同じくインターネット上の OPAC などでは調べることができない事例で、図書館の目録の内容細目に記入がない例である。「NDL-OPAC」で検索しても見つからないケースで、日外アソシエーツ刊の「現代日本文学綜覧シリーズ」等で探すことになる。

第 4 表「現代日本文学綜覧シリーズ収録期間等一覧」をみると、タ

インターネット時代のレファレンス

イトルが分かっているから、「……作品名綜覧」で調べる。これはすでに7種出ているので、表の上から順番に調べていくことになる。

質問は、『個人全集・作品名綜覧』（4分冊）で調べると分かる。「苦行の生活」は、『三木露風全集3』（昭和49年4月刊）の37ページから掲載されている「修道院生活」の第19章のタイトル。これは『個人全集・内容綜覧』3097ページに記載されている、「作品名綜覧」でタイトルで探すと1252ページに「苦行の生活 三木露風全集3 p58」と記載されている。

このように日外アソシエーツの「現代日本文学綜覧シリーズ」は、章のタイトルも調べることができる。この点を、凡例では「作品は、詩など小品の各編、評論、論文の章題名を1点ずつ独立の作品名として扱った」と書いてある。

これは、つぎのようなケースも探し出すことができることになる。例えば、三木露風の「カンナ」という詩は、「童謡集 野菊集」に収められているが、これも「作品名綜覧」で50音で探すことができる。（Ⅰの1027ページにある）。

シリーズでは、書簡の宛先も分かるようになっている。例えば、『三木露風全集2』717ページにある家森長治郎宛書簡は、「作品名綜覧」のⅣに収録されている作家編の中に50音順で「イエ」の並び順のところに記載されている。（5491ページ）

このように「現代日本文学綜覧シリーズ」は図書館の目録で採録されていないものまで数多く採用しているので、あきらめず調べることが必要である。注12)

第4表「現代日本文学綜覧シリーズ」収録期間等一覧

*収録期間等の記載はそれぞれの本の「凡例」等によった。

シリーズ番号	タイトル	収録期間	収録量	注記	刊年
1	全集・内容綜覧(上/下)	大正14年刊新潮社『現代小説全集』から昭和56年に完結した『新潮現代文学』にいたる。	主要な文学全集104種3,200冊。	詩歌、戯曲、児童文学など専門ジャンルの全集は除く。現物確認を原則としたが未見あり、注記に記した。	1982.6
2	全集・作家名綜覧(上/下)	同上。	作家名約3,500名。	それぞれの作品名、解説(作家、作品論、解説など)、年譜、参考文献(著作目録、作品年表など)をまとめ、収載された全集名を示した。	1982.7
3	全集・作品名綜覧(上/下)	同上。	約42,000点。	作品名、書名、論題(以下作品名という)を作品名ごとにまとめて、収載された全集名を示した。作品名は全集中に記載されている名称をとった。全集により表記の異なるものは多出する形に合わせ、同数の場合は後述(略)の典拠資料に従い、それ以外は初出のものに合わせた。	1982.10

4	個人全集・内容綜覧（1〜5）	明治以降、1983年までに刊行された個人全集。	520名の個人全集557点のべ約5,500点。	日本の近代文学の分野において活躍した文学者及び文学に関連ある思想家、評論家などの個人全集（選集、著作集、作品集など含む）。原本目次に記載のなかった作品もつとめて収録した。	1984.10-1985.2
5	個人全集・作品名綜覧 4分冊	同上。	のべ約5,500冊の内容項目約24万点。	作品は、詩など小品の各編、評論、論文の章題名を1点ずつ独立した作品名として扱った。	1985.6
6	詩歌全集・内容綜覧	昭和4年人にたのに詩『日本詩全集』始まり昭和59年完結『現代詩歌全集』にわたる詩歌全集35種。	35種426冊。	全3部として、第Ⅰ部詩全集、第Ⅱ部短歌全集、第Ⅲ部俳句全集。	1988.2
7	詩歌全集・作家名綜覧	同上。	作家名約2,000名。	それぞれの作品名、解説（作家、作品論、解説など）、年譜、参考文献（著作目録、作品年表など）をまとめ、収載された全集名を示した。	1993.7
8	詩歌全集・作品名綜覧	同上。	約91,000件。	シリーズ6『全集・内容綜覧』に収録された作品が作品名で検索できる。作品名（年譜、解説、作品論を含む）のもとに、作家名とその収載全集が分かる。	1988.6

9	全集・内容綜覧 第Ⅱ期	1982年から1992年にかけて刊行されたもの。	28種438冊、約22,000件。	日本国内で刊行された文学全集のうち日本近代文学に関する文学全集。専門ジャンルを除いたのは1982年刊と同じ。原本目次に記載されていない作品も収録したのも同じ。	1993.7
10	全集・作家名綜覧 第Ⅱ期	同上。	作家名約3,400名。	それぞれの作品名、解説（作家、作品論、解説など）、年譜、参考文献（著作目録、作品年表など）をまとめ、収載された全集名を示した。	1993.7
11	全集・作品名綜覧 第Ⅱ期	同上。	15,000件。	「9」に収録した内容項目のうち固有題名のない作品類（書簡、日記、ノートなど）、解説、年譜、参考文献等を除いた作品類を収録。	1993.7
12	個人全集・内容綜覧 第Ⅱ期	1984年から1992年刊行されたもの。	193名224種、1,800冊。	日本の近代文学の分野において活躍した文学者及び文学に関連ある思想家の個人全集対象。全て原本調査し、原本の目次にないものも収録。作品及び解説等を収録。	1994.6
13	個人全集・作品名綜覧 第Ⅱ期	同上。	約83,000件。	固有題名のない作品類（書簡、日記、ノートなど）、各作家・作品に関する解説、解題、年譜、参考文献、関連資料は第3巻巻末に作家編としてまとめた。	1994.6

18	全集/個人全集・内容綜覧 第Ⅲ期	1993年から1997年に刊行が完結した全集、個人全集。	全集18種384冊、130名の作家の個人全集145種1,082冊、合計163種1,466冊、49,201件。	個人全集（選集、著作集、作品集など含む）。原本目次に記載のない作品名も収録。	1998.6
19	全集/個人全集・作家名綜覧 第Ⅲ期(上/下)	同上。	約1,860名。	シリーズ18『全集/個人全集・内容綜覧〈第Ⅲ期〉』に収録された作品が作家名で検索できる。小説家、歌人、俳人、評論家など作家名のもとに、作品名、年譜、解説、作家論とその収載全集名が分かる。	1998.6
20	全集/個人全集・作品名綜覧 第Ⅲ期(上/下)	同上。	45,446点。	シリーズ18『全集/個人全集・内容綜覧〈第Ⅲ期〉』に収録された作品が作品名で検索できる。作品名（年譜、解説、作品論を含む）のもとに、作家名とその収載全集名が分かる。	1998.6
21	詩歌全集・内容綜覧 第Ⅱ期	(1) 1985年から1999年に刊行が完結した全集・叢書。(2) 1984年以前に完結した全集・叢書前録の版ち未収録の全集・叢書。	(1) は20種、664冊、(2) は8種、87冊。	作品としての詩・短歌・川柳・童謡の収録を主目的とする国内刊行の全集、叢書の内容細目集。第Ⅰ部；詩（童謡を含む）、第Ⅱ部；短歌、第Ⅲ部；俳句、川柳、複数のジャンルを含むものは第Ⅰ部に収録。	1999.1

22	詩歌全集・作家名綜覧 第Ⅱ期(上/下)	同上。	1,066名。	シリーズ21『詩歌全集・内容綜覧第Ⅱ期』に収録された作品を作家名で検索できる。詩人、歌人、俳人など作家名のもとに、作品名、年譜、解説、作家論とその収載全集名が分かる。	1999.12
23	詩歌全集・作品名綜覧 第Ⅱ期	同上。	54,120点。	シリーズ21『詩歌全集・内容綜覧第Ⅱ期』に収録された作品が作品名で検索できる。作品名(年譜、解説。作品論を含む)のもとに、作家名とその収載全集が分かる。	2000.1
25	全集/個人全集・内容綜覧 第Ⅳ期	1998年から2003年に刊行が完結した全集、個人全集。	全集31種469冊、146名の作家の個人全集157種1,255冊、合計188種1,724冊、収録作品数は67,715点。	内容細目を通覧。全て原本を確認し、目次に記載がない作品も収録。	2004.4
26	全集/個人全集・作家名綜覧 第Ⅳ期(上/下)	同上。	64,007作品。	作家名索引。64,007作品を1,183の作家名から検索できる。全て原本を確認し、目次に記載がない作品も収録。	2004.5
27	全集/個人全集・作品名綜覧 第Ⅳ期(上/下)	同上。	作品及び解説等の件数67,715件。	作品名索引。58,999点の作品名から、作家と収載全集名を検索できる。ただし、全集に掲載されていても、固有題名のない作品類や解説、年譜等は収録しなかった。	2004.6

31	全集/個人全集・内容綜覧 第Ⅴ期	2004年から2009年に刊行が完結した全集30種281冊と個人全集161種1,012冊、合計191種1,293冊。	収録作品数は57,993点。	内容細目を通覧。全て原本を確認し、目次に記載がない作品も収録。	2010.2
32	全集/個人全集・作家名綜覧 第Ⅴ期	2004年から2009年までに刊行された全集・個人全集191種から、2,730作家の57,215点の作品名、年譜、解説、作家論などを収録。	収録点数は57,215点。	シリーズ31『全集/個人全集・内容綜覧〈第Ⅴ期〉』の内容が作家名から、作品名、年譜、解説、作家論とその収載全集名が分かる。	2010.3
33	全集/個人全集・作品名綜覧〈第Ⅴ期〉	2004年から2009年までに刊行された全集・個人全集191種から50,084作品を収録。	収録点数は、50,084作品。	シリーズ31『全集/個人全集・内容綜覧〈第Ⅴ期〉』の内容が作品名から、作家と収録全集名を検索できる。	2010.4

　⑥は、上記の調査に使ったツールでは分からないもので、所蔵調査というより文献調査の範疇に入るものである。こうした事例も少なくない。この事例は岡山県立図書館に寄せられた質問で、岡山県立図書

館では、次のように調べている。さすがに図書館というべきで、このような質問、また上記の③、④、⑤ともども図書館でないと調べることができないものである。

　回答では、『長谷川四郎全集』第4巻（晶文社、1976年刊）収録の「子どもたち」の中の一文である、ということが分かったと書いてある。(詳しくはレファレンス協同データベースで検索して回答欄を読んでいただきたい。「子ども」と「子供」が混在しているなど表現の統一ができていない部分がある)。

　⑦は、最近出された本であれば、目次の大項目については、「本やタウン」や「e-hon」の詳細検索、「Webcat Plus」で検索できる。またなかには目次の小項目でも「Googleブックス」で検索できる。もっともこれは出版社がGoogleに許可を出したものに限られる。

　以上の方法で探すことができた場合は、通常の市町村立図書館であれば、もう一度自館のOPACで全集名や書名で検索して、所蔵していないか確かめる。所蔵していれば、利用者に説明して、できれば一緒に本棚に行って、当該の本を手にして収録されているページを開けて、ここに収録されていますと言いながら手渡すようにするといい。目次にもない文章を探すのは、利用者によっては難しい。

　所蔵調査も一筋縄でいかない調査であることが、これでお分かりいただけるだろう。

4-2-3. 所在調査

　所在調査は、自館のOPACで検索して所蔵していなければ（もっとも4-2-2で書いたように所蔵していないから所在調査となるのだが）、できるだけ沢山所蔵している図書館のOPACでまず、検索する。代表的な図書館は当然、国立国会図書館となるので「NDL-OPAC」で検索する。また、大学図書館等の総合目録である、国立情報学研究所の「Webcat Plus（一致検索）」で検索する。

　なければ、専門的な分野の資料であれば、専門的な分野の資料をより多く持っている図書館や施設のOPACや所蔵目録で検索する。近

世以前のものであれば、『国書総目録』、『古典籍総合目録』などで調べる。

例えば、児童書は国際子ども図書館の「児童書総合目録」で、歴史は佐倉の国立歴史民俗博物館、千里の国立民族学博物館など、また古典籍資料（漢籍・明治期の資料の一部を含む）は、国文学研究資料館の「日本古典籍総合目録」で検索できる。（印刷物の『古典籍総合目録』、『国書総目録』と資料館所蔵の和古書及びマイクロ資料が収録されている）。

漢籍資料は、京都大学人文科学研究所附属東アジア人文情報学研究センターの「全國漢籍データベース」で検索できる。

海外では、OCLCの「WorldCat」をはじめ、The Library of Congress の「The Library of Congress Online Catalog」、The British Library の「Integrated Catalogue」をあげておきたい。

雑誌は、同じように調べるが、新聞は、国立国会図書館のサイトに新聞の所蔵が分かる総合目録（「全国新聞総合目録データベース」）があるので、まず、それで検索する。

4-2-4. 文献調査

特定テーマの資料を調べる場合も、まず、自館のOPACから調べはじめる。所蔵していれば、すぐに現物をみることができるからだ。もっと必要である、あるいは網羅的に調べたいということであれば、一般的には、これも所蔵数が多い図書館のOPACで調べ、専門的な資料は、さらに専門的な資料を所蔵している図書館や施設のOPACで検索する。このとき、内容細目などの項目に注意する。さらにテーマによっては国立国会図書館のOPACで件名、分類の項目も使って検索する。

また、新刊本は、出版情報を調べる。新刊情報は、オンライン書店や出版社などのサイトで検索でき、書籍の内容や著者情報を得られるものもある。代表例として、東京出版販売（トーハン）の全国書店ネットワーク「e-hon」、日本出版販売（日販）の「本やタウン」、図書館

流通センターの「bk1」などがある。
　この調査では、本だけでなく、雑誌や雑誌記事・論文、テーマによっては新聞、新聞記事、インターネット情報源なども対象にする。
　雑誌記事は、国立国会図書館の「雑誌記事索引」と国立情報学研究所の「学術コンテンツポータル」で検索する。さらに専門的な分野は専門の雑誌記事索引で調べることになる。オンラインデータベースには日外アソシエーツの「MAGAZINEPLUS」がある。新聞記事は「日経テレコン21」や朝日新聞の「聞蔵」などで検索する。
　特定のテーマについての資料を網羅的に調べたいという場合は、調べ方案内（パスファインダー）のリーフレットを使って案内した方がいいときもある。

4-2-5. 事実調査

　事実調査は、特定の事実を調べるので、一般的なツールとして、百科事典や各種辞書・事典を使ってまず調べる。さらに専門的な領域は、専門のレファレンスブックや、インターネット情報源を調べる。これは「4-9. 分野別の基本レファレンスツール」で紹介する各種レファレンスブック、インターネット上の情報源を参考にするといい。

4-2-6. 調べ方案内

　調べ方案内は、利用者が最初から調べ方を教えてほしいと申し出てきたときに提供するサービスである。テーマを聞いて、その分野の調べ方を案内する。また受付けた質問を定められた時間内に調べて分からなかったとき調べ方案内を行い、あとは自分で調べてもらう時にも提供する。いわば調査時間がかかったので、それ以上は調べない、調査を打ち切りにするというときに使う。これは図書館であらかじめ作っておくとスムーズに案内できる。
　調べ方案内はパスファインダーとも呼んでいる。
　次に、以上のような調査をスムーズに行うための基本的なレファレンスツール（レファレンスブック、インターネット上の情報源など）

インターネット時代のレファレンス

について簡単に見ておこう。

4-3. レファレンスツールを知っておこう

　まず、自分がどの程度レファレンスツールを知っているか、チェックしてみよう。

4-3-1. レファレンスツールをどの程度知っているか？

　ここで、レファレンスブックをどの程度知っているか、チェックしてみよう。
　次のレファレンスブックのタイトルをつぶやいてみよう。

① 日本の統計を集めた二次統計書で広い範囲にわたり重要で基礎的な統計を体系的に収録したもの。より新しく詳しい統計表が必要な場合、統計表の下の解説などにある発行元などに当たるとよい。
② 日本の歴史年表の代表的なもの。10数年にわたって刊行され、索引も完備している。
③ 現代語の記述に重点を置き、現代語としての一般的な語義を優先的に採用している。中型国語辞典のひとつ。
④ 英語の権威ある百科事典を底本として翻訳した百科事典。大項目主義をとっている。
⑤ 自然現象、地球環境や科学の基本的な知識、星座など多方面の事柄が分かる年刊。
⑥ 新語辞典の代表的なもので、分かりやすい記述で人気がある。年刊。生徒用の学習版も出されるときがある。
⑦ 主要な法律を収録し、条文に関係する判例なども示している。
⑧ 人物を調べるときは、まず手にするレファレンスブック。人物事典の事典という性格も持っている。

　次に、インターネット情報源についてチェックしてみよう。

① 明治大正期に出版され、収集された図書がネット上で読むことができる。さらに昭和期の所蔵図書のデジタル化も進めている。これらも順次閲覧できる予定。
② 新刊書の検索ができる検索エンジンを3つあげてみよう。その中で目次の大項目中のキーワードでも検索できるものは？
③ 児童書をあらすじ中のキーワードで検索するには、どうしたらできるか？
④「Google Scholar」ではどのような資料が検索できるか？
⑤ 日本の法律を検索する検索エンジンは？
⑥ 日本の判例を検索する検索エンジンは？
⑦ 今日出た週刊誌や月刊誌の目次を検索できる検索エンジンは？

以上である。

回答を示しておくと、レファレンスブックは、①『日本統計年鑑』、②『国史大辞典』、③『大辞林』、④『ブリタニカ国際大百科事典』、⑤『理科年表』、⑥『現代用語の基礎知識』、⑦『六法全書』、⑧『人物レファレンス事典』、インターネット情報源は、①国立国会図書館のサイトの中にある「近代デジタルライブラリー」、②「本やタウン」、「e-hon」、「Webcat Plus」、「紀伊國屋書店 Bookweb」、「bk1」、「amazon」など。最初の3つは目次の大項目中のキーワードでも検索できる。公共図書館として使いやすいものは「本やタウン」。③新しいものはGoogle, Yahoo! などの検索エンジンで検索できるが、少しさかのぼって検索したいということになると国際子ども図書館のサイトの中にある「児童書総合目録」で検索する。児童図書出版協会などが提供したあらすじデータが使えるようになっていて、あらすじ中のキーワードで検索できる。④ネット上のデジタル化された資料のうち学術的なものが検索できる。⑤「法令データ提供システム」、⑥裁判所のサイトの中にある「裁判例情報」、⑦「Zassi.net」。

以上である。

インターネット時代のレファレンス

これらはごくごく基本的なレファレンスブックであり、インターネット情報源なので、覚えるようにしてほしい。

4-3-2. レファレンスツールのガイドブックを読む

さて、レファレンスツールを使いこなすためには、まず、どのようなレファレンスブックやインターネット上の情報源があるかを知っておく必要がある。そのためのガイドブックを読んでおこう。

レファレンスブックを探す本としては、『日本の参考図書 第4版』（日本図書館協会日本の参考図書編集委員会編、日本図書館協会、2002）（1980年に出た『日本の参考図書解説総覧』の改訂版）、『年刊参考図書解説目録』（日外アソシエーツ編集部編、日外アソシエーツ、年刊）、『情報源としてのレファレンスブック』（長澤雅男、石黒祐子著、新版、日本図書館協会、2004）などがある。また、インターネット上には、最新のレファレンスブックを紹介するページとして、日外アソシエーツのサイトの中にあるレファレンスクラブの中に紹介のページ「参考図書情報」、国立国会図書館のサイトに「最近の参考図書」がそれぞれある。

書誌索引類を探す本としては、『書誌年鑑』（中西裕編、日外アソシエーツ、年刊）、『日本書誌の書誌』（天野敬太郎編 1973-（総載編・主題編1；巌南堂、人物編1・主題編2；日外アソシエーツ、主題編3；金沢文圃閣））などがある。

レファレンスツールとして使えるインターネット情報源を紹介したものとしては、『チャート式情報アクセスガイド』（大串夏身著、青弓社、2006）、『デジタル情報資源の検索（増訂第2版）』（高鍬裕樹著、京都大学図書館情報学研究会、2009）、『インターネットで文献探索 2007年版』（伊藤民雄・実践女子大学図書館著、日本図書館協会、2007）、『情報検索入門ハンドブック―データベース、Web、図書館の利用法』（松本勝久著、勉誠出版、2008）などがある。なお、レファレンスブックの検索方法と書誌事項等の見方を書いたものに『レファレンスツール活用マニュアル しらべる Q&Q 3』（日外

アソシエーツ編、日外アソシエーツ、2006）がある。これは日外アソシエーツ発行のレファレンスブックについて解説したものだが、参考になる。

4-3-3. 調べ方案内（パスファインダー）を読む

　国立国会図書館の「リサーチ・ナビ」、私立大学図書館協会東地区部会研究部企画広報研究分科会の「パスファインダーバンク」にあるデータベースやウェブサイトなどを参考にするとよい。前者は、キーワードやカテゴリからテーマ別の調べものに役立つ情報源を探すことができる。後者は、大学図書館等で作成されたパスファインダーを収集しており、分野別に閲覧することができる。

　「レファレンス協同データベース」には調べ方マニュアルを活用する方法もある。

4-4. 見て知っておくといい基本サイト

4-4-1. 国立国会図書館

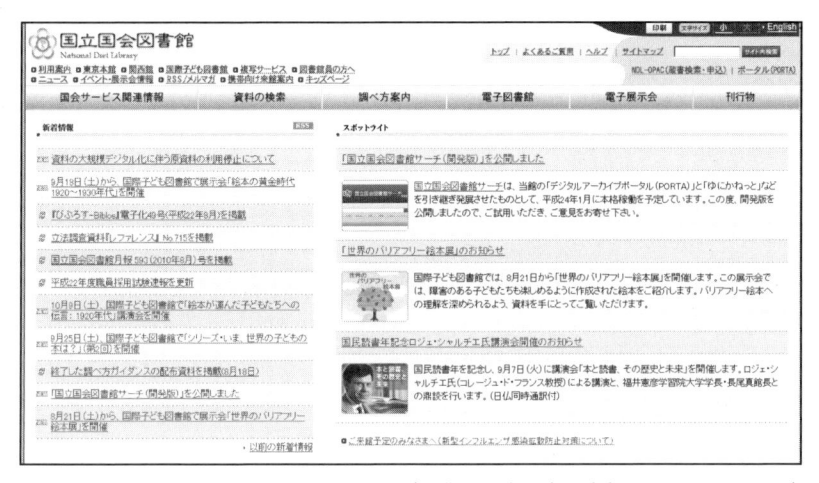

（出典：国立国会図書館ホームページより）
（この画像は、2010 年 8 月 24 日時点のものです）

国立国会図書館で、レファレンスに使えるデータベース等には次のものがある。
　①国会サービス関連情報として、「国会会議録」、「帝国議会会議録」、「日本法令索引」、「日本法令索引〔明治前期編〕」がある。
　②日本と世界の議会・法令・官庁資料については、「議会官庁資料室」のページがある。
　③総合目録には、「総合目録ネットワークシステム」、「全国新聞総合目録データベース」、「点字図書・録音図書全国総合目録」、「児童書総合目録」がある。「総合目録ネットワークシステム」では、都道府県立・政令指定都市立図書館の所蔵資料が検索できる。
　④調べ方案内のページには、「リサーチ・ナビ」、「レファレンス協同データベース」、「データベース・ナビゲーション・サービス（Dnavi）」がある。
　⑤電子化された資料は、「近代デジタルライブラリー」、「貴重書画像データベース」、「児童書デジタルライブラリー」、「インターネット資料収集保存事業」、「デジタルアーカイブポータル（PORTA）」で検索・閲覧できる。
　この他館内では各種オンラインサービスも提供している。「電子展示会」のページは図書館員の教養を高めるためにも閲覧、勉強しておくとよい。図書館員としては、「カレントアウェアネス-E」などの発行物も読んでおきたい。

4-4-2. 国立情報学研究所

　国立情報学研究所では、まず、学術系コンテンツサービスの「GeNii（NII 学術コンテンツ・ポータル）」、「CiNii（NII 論文情報ナビゲータ）」、「Webcat Plus」、「KAKEN（科学研究費補助金データベース）」、「NII-DBR（学術研究データベース・リポジトリ）」、「JAIRO（学術機関リポジトリポータル）」は検索して閲覧等ができるようにしておこう。
　この他、「NII-REO（NII 電子ジャーナルリポジトリ）」、「Academic

レファレンス質問・回答サービスの強固な基盤を作る

(出典：国立情報学研究所「GeNii」ホームページより)
(この画像は、2010年8月24日時点のものです)

Society Home Village/学協会情報発信サービス」、「想 IMAGINE Book Search」、「文化遺産オンライン」、「Book Town じんぼう」、「新書マップ」などが役立つ。

4-4-3. 科学技術振興機構

　科学技術振興機構には、各種のデータベースがある。「JDreamII」、「科学技術文献速報」などは有料だが、図書館として導入して使えるようにしておきたい。以下のデータベースも検索・閲覧できるようにしておきたい。

　「科学技術総合リンクセンター J-GLOBAL」："つなぐ"、"ひろがる"、"ひらめく"をコンセプトに、研究者、文献、特許、研究機関、研究課題、科学技術用語、化学物質、遺伝子、資料に渡る様々な科学技術に関する基本的情報を整理した新しいサービス。

　「JST 資料所蔵目録 Web 検索システム」：JST が収集している資料及びその所蔵巻号を調べることができる。

　「中国文献データベース（JSTChina）」：中国の科学技術・医薬情報

インターネット時代のレファレンス

(出典：科学技術振興機構ホームページより)
(この画像は、2010年8月24日時点のものです)

等について日本語抄録付きで案内。

「J-STAGE（科学技術情報発信・流通総合システム）」：国内学協会の電子ジャーナルをオンラインで読むことができる。

「Journal@rchive」：重要学術雑誌を遡って創刊号から読むことができる。

「ReaD 研究開発支援総合ディレクトリ」：研究者のデータベースなどが検索できる。

4-4-4．電子政府の総合窓口

「電子政府の総合窓口」は、中央政府の省庁のサイトを検索する専門的な検索エンジンと各種の情報提供のページで、省庁が提供しているおもなデータベースのリンク集もある。現行法規は「法令データ提供システム」へのリンクがあるのでここから検索のページへとたどることができ、詳しい検索ができる。「子ども向けページ集」、「法令外国語訳データベース」のリンク集もある。

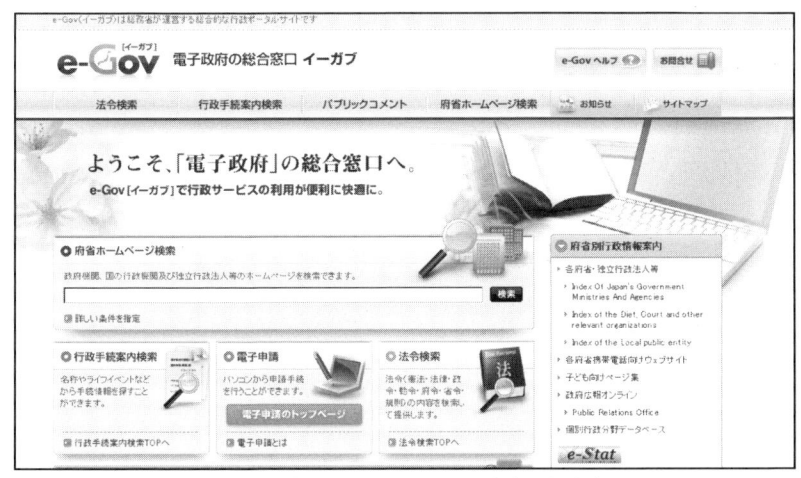

レファレンス質問・回答サービスの強固な基盤を作る

(出典：e-Gov　電子政府の総合窓口ホームページより)
(この画像は、2010年8月24日時点のものです)

「個別行政分野データベース」は、中央省庁のおもなものに限られるが、レファレンスサービスに活用できるものが少なくないので、見ておくとよい。

4-4-5. 総務省統計局

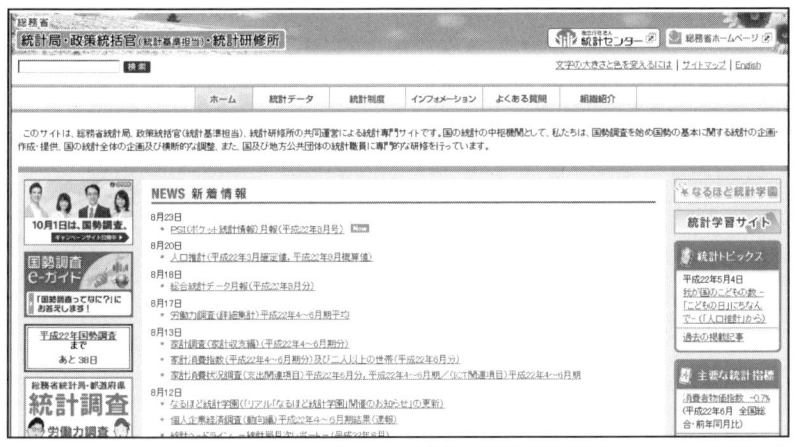

(出典：総務省統計局ホームページより)
(この画像は、2010年8月24日時点のものです)

インターネット時代のレファレンス

　総務省統計局では、各種国の統計の調査結果、各種二次統計書が閲覧できる。海外の統計サイトのリンク集などもある。学校の生徒向けのページも作成されている。

4-4-6. 国立公文書館

(出典：国立公文書館ホームページより)
(この画像は、2010年8月24日時点のものです)

　国立公文書館では、公文書の検索・閲覧（まだ一部だけ）、国絵図などのデジタル化されたものが閲覧できる。

4-4-7. 国際子ども図書館

(出典：国立国会図書館　国際子ども図書館ホームページより)
(この画像は、2010年8月24日時点のものです)

国際子ども図書館では、「児童書総合目録」の検索の他、各種展示のページなどがある。

4-5. レファレンスで活用できるリンク集

インターネット上には、検索エンジンを搭載したホームページやポータルサイトが多数存在しており、主題やテーマに関する情報の収集や検索で使える。

ポータルサイトの代表例として、国立国会図書館の「Dnavi 国立国会図書館データベース・ナビゲーション・サービス」、筑波大学附属図書館の「Tulips」、総務省の「e-Gov 電子政府の総合窓口」、国立女性教育会館の「女性情報ポータル Winet」、科学技術振興機構の「SciencePortal」などがある。

学術情報のリンク集は、学術機関や研究者等のウェブサイトで参照できる。東北大学附属図書館の「学術情報リンク集」、東京芸術大学附属図書館の「リンク集（学習・研究用リンク集）」、二木麻里氏の「ARIADNE」などがある。

統合検索や横断検索ができるサイトもある。図書館関係では、国立情報学研究所の「GeNii（NII 学術コンテンツ・ポータル）」、実践女子大学図書館の「実践女子大学 DB 横断検索」などがある。前者では、「CiNii（NII 論文情報ナビゲータ）」、「Webcat Plus」、「KAKEN（科学研究費補助金データベース）」、「NII-DBR（学術研究データベース・リポジトリ）」、「JAIRO（学術機関リポジトリポータル）」を一括して検索できる。海外には、自然科学系 NCBI の「Entrez, The Life Sciences Search Engine」、Elsevier の「SCIRUS-for scientific information only」、健康分野 Healthline Network の「Healthline」などがある。

4-6. レファレンス質問回答事例

　図書館が作成公開しているレファレンス質問回答事例集は、調べて分からないときや、調べる手がかりをあらかじめ得ておきたいときに参照するとよい。また、日頃、関心のある分野、不得意な分野の事例を読んでおくといい。
　国立国会図書館の「レファレンス協同データベース」に「レファレンス事例データベース」がある。レファレンス調査で使用したデータベースやウェブサイトも参照することができる。
　レファレンス事例は、東京都立図書館をはじめとする公共図書館、大学図書館、専門図書館などで作成されたホームページやブログでも公開されている。

4-7. 所蔵調査・所在調査で活用できる情報源

4-7-1. 国立国会図書館所蔵の図書を探す

　国立国会図書館の所蔵図書は、「NDL-OPAC」で検索する。印刷資料には、『国立国会図書館蔵書目録 明治期-1995』(国立国会図書館、1994-1997)がある。[注13]
　翻訳図書の場合は『翻訳図書目録 明治・大正・昭和前期、45- 』(日外アソシエーツ、1984- 刊行中、CD-ROM 版)もある。
　国立国会図書館に納本された最近の本を探すには、国立国会図書館『日本全国書誌』(2007年までで印刷物提供はやめて以後ホームページで提供)がある。

4-7-2. 特定の雑誌の所蔵、雑誌記事を調べる

　雑誌の所蔵は、国立国会図書館の「NDL-OPAC」、国立情報学研究所の「Webcat Plus (一致検索)」で検索する。
　雑誌の特定号に掲載された記事を読みたい、という場合、利用者が使っている図書館で読むことができればそれにこしたことはない。

探すツールとしては、雑誌論文・記事は、国立国会図書館の「雑誌記事索引」、国立情報学研究所の「CiNii（NII論文情報ナビゲータ）」の他、「Google Scholar」などの学術論文検索エンジンで検索できる。「CiNii」では、学会・協会等の刊行物の他、「JAIRO（学術機関リポジトリポータル）」との連携による研究紀要等への本文リンクがあり、論文・記事等の全文（一部）を閲覧できるものがある。[注14]

専門分野の論文・記事は、「NII-DBR（学術研究データベース・リポジトリ）」で日本社会学会の「社会学文献情報データベース」などの各種専門主題のデータベースから検索できる。公共図書館のサイトでは、郷土関連など特定主題の雑誌記事を検索できるものもある。

海外の雑誌論文・記事は、Ingentaの「IngentaConnect」、国立情報学研究所の「NII-REO（NII電子ジャーナルリポジトリ）」で検索できる。前者では、全文（一部）を閲覧できる。

4-7-3. 特定の新聞の所蔵、新聞記事の検索

新聞の所蔵は、国立国会図書館の「全国新聞総合目録データベース」、国立情報学研究所の「Webcat Plus」の他、東京都立図書館の「区市町村立図書館新聞・雑誌総合目録」など都道府県立図書館のサイトで検索する。

新聞記事は、アーカイブとして一定期間の過去の新聞が保存され、検索、閲覧できるものがある。総合的なポータルサイトの「Yahoo!ニュース」、日経・朝日・読売インターネット事業組合の「あらたにす」などがある。「Yahoo!ニュース」では、90日間の記事や動画を、「あらたにす」では、3紙の2週間分の一面・社会面などの記事検索とまとめ読みができる。秋田県立図書館の「秋田魁新報記事見出し検索データベース」など、公共図書館のサイトでは、地域の新聞記事を検索できるデータベースを公開しているものもある。

また、各新聞社のサイトから探す方法がある。日本新聞協会の「メディアリンク」の中の〈新聞・通信社〉からアクセスできる。

明治末から戦後までの新聞記事は、神戸大学附属図書館の「新聞記

インターネット時代のレファレンス

事文庫」で検索でき、画像や全文を閲覧することができる。

　印刷資料では、古い記事を探すには、毎日コミュニケーションズの『明治ニュース事典』(1983-86、9冊)、『大正ニュース事典』(1986-89、8冊)、『昭和ニュース事典』(1990-94、9冊)などがある。これらはキーワードで記事を調べることができる。

　海外の新聞は、Yahoo! Inc.の「Yahoo! Directory-News and Media」の「Newspapers」で国別に探すことができる。最新のニュースは随時更新されている。

　なお、新聞雑誌を探すツールには、『雑誌新聞総かたろぐ』(メディア・リサーチ・センター、年刊)がある。海外の学術雑誌などを探すツールには、『Ulrich's periodicals Directory ; international periodicals information since 1932』(Bowker、年刊)がある。

4-8. 文献調査に活用できるレファレンスツール

　特定の主題に関する文献調査では、以上紹介した各種ツールと自館のOPACを駆使して探索することになる。さらに、『書誌年鑑』や『日本書誌の書誌』『主題書誌索引』『人物書誌索引』などをはじめとする各種書誌索引類が威力を発揮する。

　なお、文献調査で威力を発揮するものにデジタルアーカイブがある。テキスト入力されたものは全文検索ができる。

　デジタルアーカイブを検索できるデータベースの代表例として、国立国会図書館の「PORTA 国立国会図書館デジタルアーカイブポータル」があげられる。これは、「貴重書画像データベース」、「近代デジタルライブラリー」、国際子ども図書館の「児童書デジタル・ライブラリー」、国立公文書館の「国立公文書館デジタルアーカイブ」、青空文庫の「青空文庫」など複数のデジタルアーカイブを横断検索し、閲覧することができる。古い学術雑誌は科学技術振興機構(JST)の「Journal@rchive(ジャーナルアーカイブ)」でも読むことができる。

　大学・研究機関等でもデジタルアーカイブを作成し、公開している。

代表例として、慶應義塾大学の「慶應アーカイブ」、早稲田大学の「早稲田大学演劇博物館デジタル・アーカイブ・コレクション」をあげておきたい。この他、インターネット上で閲覧できる電子テキストには、菊池真一・深沢秋男の「J-TEXTS 日本文学電子図書館」がある。

海外では、The Library of Congress・UNESCO の「World Digital Library」、Internet Archive の「TEXT ARCHIVE」などで検索、閲覧できる。

（補1）文献を入手する方法

以上で調べた結果、図書館では利用者に回答という形で示す。が、示してそこで終了する場合もあるが、そうでなく、さらに発展する場合もある。それは所蔵調査で見た通りだ。調べた結果、文献調査では、現物を入手したい、読みたい、という質問に発展する場合が多い。

他の図書館から借りて読む、という場合は、所蔵調査で説明した通りだ。購入したいというのも同じである。

しかし、最近インターネットを通してデジタル化された文献等が入手できるようになった。一部有料のものもあるが、その殆どは無料である。図書はデジタルアーカイブのサイトにある。（4-8 で紹介しておいた）

ここでは雑誌論文について考えてみよう。

デジタル化された雑誌論文をインターネットを通じて入手するには、一般に国立情報学研究所のサービスを受けることができる大学図書館と研究機関の図書館（ごくまれに県立図書館）と、そうではない都道府県立図書館、市町村立図書館とで条件が違う。ここでは市町村立図書館を想定して考えてみよう。

デジタル化された雑誌論文を検索するには、大きく分けて3つの方法がある。

　①総合的な検索エンジンのテキストボックスにタイトル中のキーワードを入れて検索する。タイトルの全文を入れて検索する場合

は、文字列の前と後ろに「"」「"」マークを入れる。
②「Google Scholar」のテキストボックスにタイトル中のキーワードか、全文を入れて検索する。
③国立情報学研究所の「学術コンテンツポータル」のテキストボックスに、キーワードか全文を入れて検索する。

それぞれ結果の一覧を順次見ていく。あればタイトルをクリックして詳細データを表示させる。この段階で全文が表示されるものもある。多くは、さらに特定のページに行って、アイコンをクリックして全文を表示させることになる。

もちろん、全文が表示されなくて、抄録や紹介文にとどまる場合もある。なお、国立情報学研究所の場合、途中でID、パスワードを入力する画面が出てくる場合があるが、それは国立情報学研究所のサービスを受けていない場合で、そこであきらめて引き返す。

全文が表示されれば、読むことができる。中には、ダウンロードできるものもある。利用者にダウンロードさせるかどうかは、図書館の考え方による。

公共図書館が近くの大学図書館と協力関係にあれば、利用者を案内して、大学図書館で検索、閲覧することができる。また、大学図書館が地域住民に自由に使わせているところでは、大学図書館を案内すればいい。

コピーを入手する場合は、国立国会図書館の「雑誌記事索引」で検索できるものであれば、国立国会図書館に申し込めばコピーを入手できる。その他の場合は、直接発行元に問い合わせて入手できないか聞く。

博士論文の場合は、国立国会図書館の「NDL-OPAC」で博士論文の書誌情報と審査した大学を確認して、まず、審査した大学の機関リポジトリを検索する。そこでデジタル化されたものを閲覧できればよい。まだデジタル化されていないようであれば、当該の大学図書館か、国立国会図書館に行って閲覧する。あるいはコピーを送ってもらう。

4-9. 分野別の基本レファレンスツール―事実調査に活用できるおもな情報源

次に特定テーマに関する質問について調べるときの基本となるレファレンスブックとインターネット情報源について紹介しておこう。「基本となる」というのは、まず、手にとって調べるべきレファレンスブックであり、また、検索したり、参照したりするインターネット情報源である。特定テーマに関する本や雑誌論文などを調べるツールについてはすでに紹介したので、ここでは特定テーマに関する「事実」を調べるときに調べるレファレンスブックやインターネット情報源ということになる。

4-9-1. 辞書・事典

基本としては、百科事典と各種辞書・事典を活用する。各種辞書・事典の中でもことばに関する辞典はどのようなものがあるか知っておく必要がある。インターネットでは検索できないものが多い。また、Q&Aのサイトで調べるとこの分野の回答は根拠のないものが多く信用できないものが少なくない。したがって、印刷資料を基本に調べる。

第5表 辞書辞典の種類と調べることができる事柄

調べたい事柄	辞書辞典の種類	代表的な辞書・辞典の例
日常で使う言葉の意味や表記	国語辞典	『日本国語大辞典』（小学館、2000-02、15冊）、『広辞苑 第6版』岩波書店、2008、『大辞林 第3版』三省堂、2006、『大辞泉』小学館、1998
新しい言葉の意味	新語辞典 カタカナ語辞典 時事用語辞典	『現代用語の基礎知識』自由国民社、年刊

69

古語の意味や用法	古語辞典	『角川古語大辞典』角川書店、1982-99、5冊、『旺文社古語辞典 第10版』旺文社、2008、『岩波古語辞典 補訂版』岩波書店、1990
外来語の意味やルーツ、言い換え	外来語辞典 カタカナ語辞典	『外来語語源辞典』東京堂出版、1994、『角川外来語辞典 第2版』角川書店、1977、『日本語になった外国語辞典 第3版』集英社、1994、『コンサイスカタカナ語辞典 第3版』三省堂、2005
俗語・隠語・死語の意味や使用者、使用された時期	俗語辞典 隠語辞典 死語辞典	『隠語大辞典』皓星社、2000、『集団語辞典』東京堂出版、2000、『消えた日本語辞典』東京堂出版、1993-95、2冊
言葉の発音・アクセント（日本語）	発音辞典 アクセント辞典	『NHK日本語発音アクセント辞典 新版』日本放送出版協会、1998、『新明解日本語アクセント辞典 改訂新版』三省堂、2001
語　源	語源辞典	『語源辞典（植物編・動物編・形容詞編・名詞編）』東京堂出版、2000-03、『語源海』東京書籍、2005、『暮らしのことば新語源辞典』講談社、2008
言葉の使い分け	類語辞典 反対語辞典	『日本語大シソーラス』大修館書店、2003、『類義語使い分け辞典』研究社出版、1998、『類語大辞典』講談社、2002、『活用自在反対語対照辞典』柏書房、1998、『反対語対照語辞典』東京堂出版、1989、『三省堂反対語便覧 新装版』三省堂、2008
表記の基準	用字用語辞典	『NHK新用字用語辞典 第3版』日本放送出版協会、2004、『朝日新聞の用語の手引 改訂新版』朝日新聞社、2007
読めない漢字・熟語の意味や由来	故事成語辞典 ことわざ辞典 難読語辞典 宛字辞典	『難訓辞典』東京堂出版、1956、『宛字外来語辞典 新装版』柏書房、1991、『音順引き難読語辞典』日外アソシエーツ、1993、『難読語辞典』太田出版、2005

略語の意味	略語辞典	『略語大辞典 第2版』丸善、2002、『科学技術略語大辞典』日外アソシエーツ、2003、『英語略語辞典 第3版』研究社出版、1998
専門用語の意味	（専門）用語辞典 学術語辞典	文部省編『学術用語集』図書館情報学編など各編
漢字・熟語の読みや意味	漢和辞典	『大漢和辞典 修訂第2版』大修館書店、1989-2000、15冊、『字通』平凡社、1996
外国語	対訳辞典	『小学館ランダムハウス英和大辞典 第2版』小学館、1994など
外国語としての日本語	日本語学習辞典	『基礎日本語学習辞典』国際交流基金作成（各国版がある）凡人社ほかから出版、1986-、『日本語を学ぶ人の辞典』新潮社、1995
どのような辞典があるか	辞典に関する書誌 辞典の辞典	日外アソシエーツから『辞書・辞典全情報 45/89』1990など各種のものが出ている。『日本辞書辞典』おうふう、1996など
方言の意味や使用する地域	方言辞典	『現代日本語方言大辞典』明治書院、1992-94、9冊、『日本語方言辞書 昭和・平成の生活語』東京堂出版、1996-2002、4冊、『日本方言辞典：標準語引き』小学館、2004
故事成語・ことわざの意味や由来	故事成語辞典 ことわざ辞典	『岩波ことわざ辞典』岩波書店、2000、『故事成語辞典名言大辞典』大修館書店、1988、『出典のわかる故事成語・成句辞典』明治書院、2005、『成語林』旺文社、1992、2冊

出典：『情報サービス論』（大串夏身、齊藤誠一編、理想社、2010）160ページの川原亜希世作成「第8-1表 情報要求ツール」の本文中に例示されているレファレンスブックから選んで記入した。

　インターネット上には、総合的なポータルサイトをはじめ、多くの辞書・事典サイトが公開されている。図書館としては、印刷物を参照しながら検索して、利用者に提供するようにするとよい。

インターネット時代のレファレンス

　事柄を調べるには、百科事典がある。Yahoo! Japan の「Yahoo! 百科事典」、Wikimedia Foundation の「Wikipedia（ウィキペディア）」などである。なお「ジャパンナレッジ」には、印刷物の『日本大百科全書』（ニッポニカ）に新項目やマルチメディアデータが追加収録されている。各用語、事柄、画像などの関連付けや参照文献等が記されているものもあり、参考として読むことができる。これはどこの図書館にも導入してもらいたいオンラインデータベースである。

　百科事典・辞書・専門事典などを一括検索できるものに、朝日新聞社・ECナビの「kotobank.jp」、ウェブリオの「Weblio辞書」がある。

　海外では、Encyclopædia Britannica の「ENCYCLOPÆDIA Britannica」、Farlex の「THE FREE DICTIONARY」がある。前者は、要約までを見ることができる。後者は、検索結果の出典表示があり、印刷物を参照しやすい。

　辞書・事典検索サイトには、水野麻子氏の「Dictionaries' Dictionary Search（オンライン辞書編）」、kotoba.ne.jp の「翻訳と辞書：翻訳のためのインターネットリソース」などがある。

　学術用語は、国立情報学研究所の「オンライン学術用語集」、「学術用語対訳/類語オンライン辞書」で調べることができる。

第6表 おもなオンライン辞書一覧

総合的なポータル サイトの辞書	収録辞書名
goo 辞書	EXCEED 英和辞典，英辞郎，大辞林 第二版，デイリー新語辞典＋α，新明解四字熟語辞典，Wikipedia 記事検索 ほか
Yahoo! 辞書	大辞泉 増補・新装版，大辞林 第二版，必携 類語実用辞典 新装版，プログレッシブ英和中辞典 第4版，新グローバル英和辞典，プログレッシブ和英中辞典 第3版，ニューセンチュリー和英辞典 第2版，日本大百科全書 ほか
excite. 辞書	新英和中辞典 第6版，新和英中辞典 第4版，大辞林 第2版，デイリーコンサイス中日辞典，デイリーコンサイス日中辞典

4-9-2. 団体・会社等を調べる

　特定の団体の場合、団体名が分かれば、インターネットで検索して学術団体、ホームページを紹介するといい。インターネット上には、第三者機関がまとめたものもある。

　国・都道府県所管の公益法人は、内閣府の「公益法人 information」のサイトにある「公益法人等の検索」、学術団体、研究機関等には、国立情報学研究所の「学協会情報発信サービス」、科学技術振興機構の「ReaD 研究開発支援総合ディレクトリ」がある。

　特定の会社名が分かる場合は、インターネットで検索してホームページを閲覧して必要な情報を得る。ただ、これは当事者情報なので、それ以外の情報もあわせて紹介する必要がある。上場会社の場合はインターネット上の「有価証券報告書」（「EDINET」に収録されている）であるとか、新聞の記事とかである。また会社年鑑や必要によっては「日経テレコン 21」で検索して紹介するといい。

　この他各種団体等は、それぞれの分野にリンク集が作られているので、それをリストアップしておくといい。

　印刷資料としては、『全国各種団体名鑑』（シバ、年刊）、『全国団体名簿』（日刊工業新聞企業情報センター、隔年刊）がある。会社年鑑など各種のものがあり、さらに分野別の会社年鑑も少なくない。これらは国立国会図書館の調べ方案内「産業情報ガイド」のページで調べるとよい。どのような会社年鑑が出ているか分かる。

4-9-3. 歴史の事実を調べる

　歴史は、印刷資料で調べた方がいい。記述の正確性と根拠、出所が示されているという点でも優れている。

　事典としては、日本史は『国史大辞典』（同編集委員会編、吉川弘文館、1979-97、17 冊）、『日本歴史大辞典 改訂増補版』（同編集委員会編、河出書房新社、1968-70、10 冊及び別巻 2 冊）、世界及びアジア史は、『世界歴史大辞典』（同編集委員会編、教育出版センター、

インターネット時代のレファレンス

1985、22冊)、『アジア歴史事典』(平凡社、1959-62、10冊及び別巻;新装版あり)、がある。
　インターネット上にも各種の歴史的な事実を調べることができるサイトがあるが、まずは印刷資料から調べ始める。

4-9-4. 特定の人物を調べる

　印刷資料では日外アソシエーツから出ている「人物レファレンス事典」をまず調べる。これには『人物レファレンス事典』(1983、7冊:新訂増補、1996-2006、4冊、他に明治以降対象の4冊が出ている)、『外国人物レファレンス事典』(1999-2002、14冊:20世紀、7冊:古代～19世紀、7冊)がある。これらに出ていれば、もとになった事典にあたって調べればさらに詳しい情報が得られる。
　これらに出ていない場合は、新しい人である可能性が高い。その場合、「日経テレコン21」の「人事情報」、日外アソシエーツの「WHOPLUS」などの商用データベースで検索する。人物情報は、確実な情報が必要で、そうしたものは、以上のレファレンスツールに限る。
　この他にもインターネット上の確実なものとしては、朝日新聞社・ECナビの「kotobank.jp」、PHP研究所の「人名事典」などがある。前者には、印刷物の『朝日歴史日本人物辞典』や「デジタル版日本人名大辞典+Plus」が収録されている。
　研究者の調査には、科学技術振興機構の「ReaD研究開発支援総合ディレクトリ」、Thomson ISIの「ISI HighlyCited.com」がある。前者では、国立研究機関・独立行政法人、特殊・認可法人、公設試験研究機関、教育機関、公益法人、企業研究施設などの研究者の情報を得ることができる。
　総合的な検索エンジンでも検索できるが、本人確認の情報でないものがほとんどで、あくまで参照情報として扱った方がいい。
　海外の人物情報を調べることができるサイトには、「ISI HighlyCited.com」、A&E Television Networksの「Biography.com」、S9.comの「Biographical Dictionary」などがある。

4-9-5. 地図・地理情報を調べる

　地域の地図については、歴史的なものから現在まで、また地価図など主題地図についてもよく聞かれる。対策として、地図の一覧表を作っておいて、すぐに探すことができるようにしておく。

　日本や世界の特定地域の地図は、まず、地図帳で探してインターネット上の地図で確認するという方法が基本ではあるものの、特定の建物や地域について現在の地図や航空写真をみたいというのであれば、世界は「Google Earth」で、日本は国土地理院の「ウォッちず（地図閲覧サービス）」で一発で検索できる。日本の場合、都市部はYahoo!やgooの地図サービスでも同じことができる。

　世界地図として定評あるのは『ベルテルスマン世界地図帳：日本版普及版』（昭文社、2000）がある。

　地図は、総合的なポータルサイトで検索することができる。用途は様々であるため、探し方も多様である。それぞれにどのようなことが分かるか比較検討しておくことをおすすめする。Googleの「Google Earth」では、衛星航空写真、地図、地形、3Dの建物など世界中の地理空間情報を見ることができる。

　地図・地理関連の情報は、国土地理院の「地図・空中写真・地理調査」、「GIS・国土の情報」で各種閲覧できる。前者の中の「ウォッちず（地図閲覧サービス）」では、全国2万5千分の1の地図閲覧と、地名で検索した場合には、地名のヨミが表示される。

　古地図は、国土地理院の「古地図コレクション」、東北大学附属図書館の「狩野文庫画像データベース」などで検索し、画像表示できる。

　地理・地学関係は、日本地理学会の「国内の地理学関連ホームページ」で地理学関連の大学や研究機関、学会、団体などから調べることができる。

　現在の地名のヨミは、国土地理院の「ウォッちず（地図閲覧サービス）」の検索エンジンで検索する。地名に関する各種情報は、印刷資料の『角川日本地名大辞典』（27ページ参照）、歴史的な経過などは、

『日本歴史地名大系』（27ページ参照）で調べるといい。

4-9-6. 政府・自治体関係情報を調べる

　政府関係情報は、総務省の「e-Gov 電子政府の総合窓口」、内閣府大臣官房政府広報室の「政府広報オンライン」でまず調べる。前者では、全府省ホームページを調べたり、おもなデータベースや各種統計、通達などのリンク集を利用できる。法令は「法令データ提供システム」で検索する。
　政策は各省庁が発表している「白書」を参照するといい。政策に関連した資料も豊富に納められている。これらは、インターネットでも公表されているが、図書館としては、印刷資料としても購入してそろえておくべきものである。通覧するためには印刷資料の方がよい。
　各省庁のページには審議会の答申等があり、特定の政策課題に関するページも作られていて、各種の報告書、調査レポートなども収録されているものもある。例えば、文部科学省の「教育の情報化」のページに収録されている報告書等は優に5、6冊の本が作れるほどで、さらに授業のビデオなども収録されている。
　国会会議録は、国立国会図書館の「国会会議録検索システム」で検索、閲覧することができる。
　地方公共団体・自治体情報は、地方自治情報センターの「LASDEC」にある「全国自治体マップ検索」から各サイトにアクセスして調べることができる。
　海外の情報は、外務省の「各国・地域情勢」か、国立国会図書館の「議会官庁資料室」からリンクをたどって調べる。

4-9-7. 法令・条例・判例の検索

　法令及び判例は『六法全書』で調べる。主題別の「六法」もある。法令は、総務省の「法令データ提供システム」で検索する。廃止法令、

明治前期の法令は、国立国会図書館の「日本法令索引」で検索、閲覧できる。

自治体の条例は、地方自治情報センターの「全国自治体マップ検索」から各自治体サイトにアクセスして調べることができる。

判例は、裁判所の「裁判例情報」で検索し、全文の閲覧ができる。検索する場合は全文検索の項目に関連する法律名を入れて、判決が出た時期と裁判所を指定すると検索できる。事件が起こった地域名や施設名などを入れても検索はできない。最高裁判所と高等裁判所の判例はすべて検索・閲覧できる。下級裁判所の判例は、まだ平成だけである。

外国の法令は、AustLII、CanLII など共同運営の「WorldLII（World Legal Information Institute）」で検索できる。

4-9-8. 経済・経営・ビジネス関係情報を調べる

ビジネス関係情報は、総合的なポータルサイトから検索できるものが多い。また、ビジネスに役立つサイトを集めた「日経 goo」の「ビジネスリンク集」も参照するとよい。

ビジネス支援サイトには、「Yahoo! ビジネスセンター」、中小企業基盤整備機構の「J-Net21 中小企業ビジネス支援サイト」、雇用・能力開発機構の「キャリア情報ナビ」などがある。

マーケット、株式、為替、企業情報は「Yahoo! ファイナンス」、日本経済新聞社・日本経済新聞デジタルメディア「NIKKEI NET」の「マネー＆マーケット-IR」で検索できる。上場企業は、東京証券取引所グループの「東京証券取引所」、ジャスダック証券取引所の「JASDAQ」で調べることができる。

倒産、業界動向などの情報は、「帝国データバンク」のサイトで得ることができる。大型倒産については速報が掲載されている。

有価証券報告書や公告等は、金融庁の「EDINET」で証券取引法に基づく有価証券報告書等の開示書類を検索、閲覧することができる。

商用オンラインデータベースもあわせて調べるとよい。また、それでないと分からない情報も多い。

辞書類には『岩波現代経済学事典』(伊東光晴、岩波書店、2004)、『日経ビジネス経済・経営用語辞典』(A&Aパートナーズ、TMI総合法律事務所、日経BP社(日経BP出版センター)、2009)、『経済・ビジネス基本用語4000語辞典』(日本経済新聞出版社、日本経済研究センター、日本経済新聞出版社、2009)がある。

4-9-9. 社会・労働・風俗・生活を調べる

労働関係の辞書には『労働用語辞典』(日刊労働通信社、2007)がある。ポータルサイトとしては「独立行政法人 労働政策研究・研修機構(JILPT)」がある。女性関係ではポータルサイトとして「国立女性教育会館ホームページ」をあげることができる。社会福祉関係の辞書には、『社会福祉用語辞典―福祉新時代の新しいスタンダード(第8版)』(山県文治、柏女霊峰、ミネルヴァ書房、2010)、『社会福祉用語辞典(5訂)』(中央法規出版株式会社、中央法規出版、2010)がある。またポータルサイトには「全国社会福祉協議会ホームページ」がある。風俗・生活分野の定評ある辞書類として『大衆文化事典』(石川弘義、弘文堂、1994)、『日本風俗史事典』(日本風俗史学会、弘文堂、1994)、『日本民俗事典』(大塚民俗学会、弘文堂、1994)などをあげることができるが、刊年がやや古い。

4-9-10. 統計情報・世論調査を調べる

印刷資料の2次統計書から調べはじめる。それには、『世界の統計』『日本の統計』『日本統計年鑑』がある。それぞれ統計表があれば、出所に書かれている原統計を発表している機関等でさらに詳しく新しい統計を探すことができる。また、これらはインターネットにも公開されているので、インターネットからたどる方法もある。

統計情報は、総務省統計局・統計センターのポータルサイト「e-Stat 政府統計の総合窓口」から最新の統計情報を得られる他、各府省等にわたる統計やデータベースを検索し、統計表を閲覧することができる。「日本の長期統計系列」には、国土、人口、経済、社会、文化などに

関する統計について、1868（明治元）年から現在（統計データにより収録年の範囲は異なる）に至る長期間の時系列データが収録されている。

世界各国の統計は、同サイト内の「統計関係リンク集」にある「外国政府の統計機関」で各国の統計所管省庁から探すことができる。国際機関が発表している統計は、"国際機関等"にある各機関のサイトで概表を見ることができる。

世論調査には『世論調査年鑑；全国世論調査の現況』（内閣府編、国立印刷局、年刊）がある。

4-9-11．教育関係情報を調べる

教育関係情報は、「文部科学省」をはじめ、大学や研究機関などのポータルサイトやデータベースで調べることができる。代表例として、東京学芸大学附属図書館の「E-TOPIA」、東京学芸大学等教育系大学の「教育系サブジェクトリポジトリポータル」、国立教育政策研究所の「教育研究情報データベース」があげられる。辞書としては『教育学用語辞典（第4版（改訂版））』（岩内亮一、本吉修二、学文社、2010）をあげておこう。

海外には、ERICの「ERIC：Education Resources Information Center」、University of Leedsの「British Education Index」などがある。前者では、教育関係の論文（研究報告、雑誌掲載論文等）の検索と全文（一部）を閲覧することができる。

4-9-12．特許・規格情報を調べる

日本の特許は、特許庁・工業所有権情報・研修館の「IPDL特許電子図書館」で検索できる。海外の特許関連情報は、「特許庁」サイトの「諸外国の特許庁ホームページ」で調べることができる。特許は、European Patent Officeの「esp@cenet」で検索することができる。

規格情報は、日本規格協会の「規格総合検索」で、JIS（日本工業規格）、ISO（国際標準化機構）、IEC（国際電気標準会議）を検索することが

できる。協会のホームページには海外の規格情報へのリンクもある。

国際規格については、WSSN の「World Standards Services Network」、ISO の「ISO International Organization for Standardization」などでより詳しく調べることができる。

4-9-13. 自然科学・工学・医学情報等の検索

この分野で見ておくといいレファレンスブックには、次のものがある。

全般としては『理科年表』（国立天文台編、丸善、年刊）がある。この分野で一番使われているレファレンスブックである。文献には、『科学技術文献速報』（科学技術振興機構、分野別に刊行頻度は異なる）がある。医学・薬学などは除かれるがその他の全分野を網羅している。

辞書としては、全般的なものに『科学・技術大百科事典（普及版）』（ダグラス・M. コンシダイン、太田次郎、朝倉書店、2009）がある。数理学では『現代数理科学事典（第 2 版）』（広中平祐、丸善、2009）、理学では『岩波理化学辞典 第 5 版』（岩波書店、1998）、物理化学では、『物理学辞典 3 訂版』（培風館、2005）、『化学大辞典』（日本化学同人、1989）、生物学では、『岩波生物学辞典 第 4 版』（岩波書店、1996）、地学では『地学事典 新版』（平凡社、1996）、数学には『岩波数学辞典 第 4 版』（岩波書店、2007）がある。

図鑑類の事典の事典というべきものに、日外アソシエーツから出版された『魚類レファレンス事典』（2004）、『昆虫レファレンス事典』（2005）、『植物レファレンス事典』（2004）、『植物レファレンス事典．2 (2003-2008 補遺)』（2009）、『動物レファレンス事典』（2004）がある。これらでどの図鑑にあるか調べてから、例えば植物なら『牧野新日本植物図鑑 改訂増補版』（北隆館、1989）などに当たるとよい。

医学の分野では、『南山堂医学大辞典 第 19 版』（南山堂、2006）、病気について網羅的に書いてある『メルクマニュアル医学百科 最新家庭版』（日経 BP 社、2004）、薬については、『日本医薬品集 医療薬 2010 年版』（じほう、2009；DVD 付き）と『日本医薬品集 一般薬 2010-11 年版』（じほう、2009）がある。

栄養学の分野では、『総合栄養学事典 第4版』(同文書院、1990)(新装版としてスタンダード版(2004))、食品添加物については『食品添加物公定書解説書 第8版』(廣川書店、2007)がある。

農学では『新編 農学大辞典』(養賢堂、2004)がある。環境分野では『環境事典』(日本科学者会議、旬報社、2008)、『環境と健康の事典』(牧野国義、佐野武仁、朝倉書店、2008)がある。

工学分野では日本工業規格(JIS)を収録する『JISハンドブック』(日本規格協会、全95巻)があるが、これは大部。工学ではハンドブック・便覧が辞典にかわるものとしてある。『機械工学便覧』(日本機械学会、2003-08、分冊多数)、『化学便覧 基礎編 改訂5版』(丸善、2004、2冊)と『化学便覧 応用化学編 第6版』(丸善、2003、2冊)、『金属便覧 改訂5版』(丸善、2000)、『電気工学ハンドブック 第6版』(電気学会、2001、CD-ROM付き)などがある。最新版を本棚に並べるように努力する。一度はどのような内容のものか見ておくといい。建築学では『建築大辞典 第2版 普及版』(彰国社、1993)がある。建設資材には『建設資材データベース』(経済調査会、年刊)がある。

4-9-13-1. インターネット上の自然科学・工学関係のサイト

科学技術関係は、科学技術振興機構の「SciencePortal」で最新情報を得ることができる。科学技術分野のデータベースも各種ある。研究課題・資源に関する情報は、「ReaD 研究開発支援総合ディレクトリ」で検索できる。

関連法規、食品の安全性などの情報は、「国立健康・栄養研究所」、「国立医薬品食品衛生研究所」のサイトを見るとよい。食品の衛生管理・HACCP関連は、食品産業センターの「HACCP関連情報データベース」で調べることができる。

環境関係は、総合的なポータルサイトで検索できる他、NTTレゾナントの「環境goo」、「国立環境研究所」のサイトで調べることができる。

土木・建築関係は、「国土交通省」、「日本建築学会」、「建築情報.net」のサイトで調べることができる。「日本建築学会」には、「建築・都市・

住宅・建設産業分野専門図書館横断検索システム」他、各種の専門データベースがある。

　文献情報は、科学技術振興機構の「JST資料所蔵目録」、U.S.Department of Energy の「WorldWideScience.org」で検索できる。後者では、科学技術振興機構の「J-STAGE」、「J-STORE」、「Journal@rchive」を含む世界の科学情報データベースを横断検索し、論文情報や全文（一部）を閲覧することができる。

　農学関係は、「農林水産省農林水産研究情報センター」のサイトで、「農林水産関係試験研究機関総合目録」、「研究課題・業績データベース」の横断検索ができる。また、「AGROPEDIA（アグロペディア）」には、各種のデータベースがある。「AGROLib 農林水産研究成果ライブラリ」では、研究報告や学協会誌などの全文が閲覧できる。

4-9-13-2. インターネット上の医学関係のサイト

　医療・医薬品関係は、最新情報を国立医薬品食品衛生研究所の「医薬品・医療機器」、医薬品医療機器総合機構の「医薬品医療機器情報提供ホームページ」で得ることができる。国内外の医薬文献・学会演題情報、医薬品添付文書情報、臨床試験情報などは、日本医薬情報センターの「iyakuSearch 医薬品情報データベース」で検索できる。薬関係は、Pharma Friend の「おくすり110番」、日本医薬情報センターの「日本の新薬 新薬承認審査報告書DB」で調べることができる。後者では、薬の詳細と審査報告書を閲覧できる。

　医学関係の雑誌論文・記事は、NCBI・NLM・NIH の「PubMed」、NIH の「PubMedCentral」などで検索し、全文を閲覧できるものもある。前者では、MEDLINE の生物医学、生命科学関係の1,900万件以上の文献を検索できる。

4-9-14. 美術・芸術・文学関係ほかの情報を調べる

　この分野では古典的な定評ある事典類があるが、入手が不可能なものが少なくない。最近刊行されたものとしては『オックスフォード西

洋美術事典』(佐々木英也、講談社、1989)、『集英社世界文学事典』(『世界文学事典』編集委員会、集英社、2002)、『岩波日本古典文学辞典』(久保田淳、岩波書店、2007)がある。

　美術全集などに収録されている図版を探すレファレンス事典には次のものがある。

写真レファレンス事典. 人物・肖像篇 / 東京都写真美術館 [他]. -- 日外アソシエーツ, 2006.3

西洋絵画名作レファレンス事典. 1-2 / 日外アソシエーツ株式会社. -- 日外アソシエーツ, 2009

西洋美術作品レファレンス事典. / 日外アソシエーツ株式会社. -- 日外アソシエーツ, 2005-2006 (版画・彫刻・工芸・建造物篇、絵画篇 19 世紀印象派以降、絵画篇 19 世紀中葉以前がある)

東洋美術作品レファレンス事典 / 日外アソシエーツ株式会社. -- 日外アソシエーツ, 2008.12

日本美術作品レファレンス事典. / 日外アソシエーツ株式会社. -- 日外アソシエーツ, 1992-2009 (絵画篇 近世以前、絵画篇 浮世絵、絵画篇 近現代、彫刻篇、陶磁器篇 1-3、書跡篇 1-2、工芸篇、建造物篇、第 2 期 絵画篇 (近世以前・浮世絵・近現代)、第 2 期 陶磁器・工芸篇がある)。

美術作品レファレンス事典. / 日外アソシエーツ株式会社. -- 日外アソシエーツ, 2007-2009 (先史・古代美術、人物・肖像篇、人物・肖像篇 2 (神話・宗教)、国宝・重文篇 1-2 がある)。

仏像レファレンス事典. / 日外アソシエーツ株式会社. -- 日外アソシエーツ, 2009.7

西洋美術全集絵画索引. / 東京都立中央図書館. -- 日本図書館協会, 1999.4

　美術・芸術関連の情報は、文化庁の「日本文化芸術オンライン」で調べることができる。美術館・博物館所蔵作品は、国立美術館の「所

蔵作品総合目録検索システム」、John Malyon・Artcyclopediaの「ART CYCLOPEDIA」などで検索でき、画像（一部）を閲覧することができる。

　音楽関係は、総合的なポータルサイトから探すことができる。MINCの「music Forest（音楽の森）」のデータベースでは、楽曲名、著作者名などから検索し、関係権利者名、収録作品一覧などを調べることができる。歌詞情報は、「goo音楽」で歌詞の一部から検索できる。楽譜情報は、GAKUFU NETの「楽譜ネット」、国立音楽大学附属図書館の「KCML WEBOPAC」で検索できる。

　映画関係は、スティングレイの「allcinema ONLINE」で検索し、作品情報・解説を閲覧できる他、アカデミー賞などの受賞作品一覧を見ることができる。

　日本文学関係は、国文学研究資料館の「電子資料館」で「日本古典文学本文データベース」など国文学関連のデータベースで調べることができる。

4-9-15．商用オンラインデータベースの検索

　商用オンラインデータベースを紹介しておく。これから公共図書館でも導入してレファレンスサービスの質を向上させなくてはならないし、図書館員も使い方を習熟しなくてはならない。

　日本の代表的なものには、ジー・サーチの「G-Searchデータベースサービス」、日本経済新聞デジタルメディアの「日経テレコン21」がある。

　海外では、Dialog LLCの「Dialog」、「DataStar」がある。前者は、新聞・雑誌記事情報、人物、ビジネス、企業情報、団体名鑑、科学技術・医学・薬学・工学関係などの文献情報、特許情報などのデータベースが収録されている。また、BLDSC（British Library Document Supply Centre）との連携によるドキュメントデリバリサービスも提供している。

　この他以下のものがある。

書誌：日外アソシエーツ「BOOKPLUS」、「MAGAZINEPLUS」、大宅壮一文庫「Web OYA-bunko 雑誌記事索引検索」
電子ジャーナル：ProQuest「ProQuest」、EBSCO Publishing「EBSCOhost」
新聞：朝日新聞社「聞蔵Ⅱビジュアル for Libraries」、読売新聞「ヨミダス文書館」
事典・辞典：ネットアドバンス「JapanKnowledge」、「日国オンライン」、Encyclopædia Britannica の「ENCYCLOPÆDIA Britannica」、Oxford University Press「Oxford English Dictionary」
心理学：American Psychological Association「PsycINFO」
人物：日本経済新聞デジタルメディア「日経 WHO'S WHO」、日外アソシエーツ「WHOPLUS」、MARQUIS Who'sWho「Marquis Who's Who on the Web」
法律：国立印刷局「官報情報検索サービス」、ウエストロー・ジャパン「Westlaw Japan」、レクシスネクシス・ジャパン「LexisNexis」
科学技術・医学：科学技術振興機構「JDream Ⅱ」、Meteo「メディカルオンライン」、医学中央雑誌刊行会「医中誌 Web」などがある。

以上を使って回答できないときは、協力レファレンスを近隣の大図書館、県立図書館等に依頼するとよい。

4-9-16. よみを調べる

4-9-16-1. 調べ方を書いた案内書

調べ方を書いた案内書には北川和彦作成の「ボランティア活動のために」シリーズがある。

第 1 集：音訳・点訳の読みの調査テクニック. 基本編、第 5 版、2004.3

第2集；音訳・点訳の読みの調査テクニック．人名・地名編、第5版、2003.7
第3集；音訳・点訳の読みの調査テクニック．略語・記号・単位編、第3版、2001.8
第4集；音訳・点訳の読みの調査テクニック．書誌事項・文献参照編、第5版、2007.10
第5集；音訳・点訳の読みの調査テクニック．西洋医学編、第2版、1998.12
第6集；音訳・点訳の読みの調査テクニック．中国・朝鮮の人名・地名編、第3版、2007.3
第7集；録音図書校正の手引き、第2版、2006.6

　北川は、この他図表の読み方などのモノグラフを出していて、日外アソシエーツのサイトの中の「点辞館」でコラムを連載している。
　また、この他参考になるものには次のものがある。

音訳マニュアル．音訳・調査編／全国視覚障害者情報提供施設協会録音委員会音訳マニュアル「音訳・調査編」改訂プロジェクト委員会．-- 改訂版．-- 全国視覚障害者情報提供施設協会, 2006.3

4-9-16-2. 図書館で調べる手順—まずよみ方辞典から

　図書館ではまず、よみ方辞典の類から調べはじめるとよい。よみ方辞典は各種のものがある。それで分からなかったときは、一般的に専門分野のよみ方がついている辞書・事典で調べる。
　難しい字のよみは、難読語辞典などで調べ、宛字は、別に「宛字辞典」で調べる。号、単位等のよみ方は別に専門の辞典で調べる。

4-9-16-3. インターネットで調べるのもひとつの方法ではある

　よみ方のサイトをあつめたリンク集などインターネット上の情報源は、日外アソシエーツの「レファレンス倶楽部」の中の「よみかた

情報」のページをみるとよい。日外アソシエーツが提供しているデータベース（試行版）とリンク集がある。

第7表 よみ方辞典等一覧

書名	編者等	概　要
国書読み方辞典	植月博編、おうふう、1996.4、18,1631p;31cm	「国書総目録」「日本古典文学大辞典」などをおもな参考資料として、書名、人名について難訓と思われるものや多様な読み方が考えられるものを抽出、頭文字以下総字画数順に配列した。総画索引、音訓索引付。
仏教語読み方辞典	有賀要延編著、国書刊行会、1989.4、1153p;27cm	読み方の分からない仏教語も画引き方式で簡単に引ける画期的な辞典。15000余語について、呉音読み、漢音読みをはじめ数種の読み方を示すとともに、分かりやすい解説を付す。
神社・寺院名よみかた辞典 普及版	日外アソシエーツ〔編〕、2004.6、770p;21cm	全国の様々な神社・寺院名の中から、読みにくいもの、誤読の恐れのあるもの、比較的著名なものなど23,661件を収録し、読み仮名を示した辞典。それぞれに所在地、別称、祭神・本尊、教団・宗派などを併記したので、神社・寺院に関する簡便なツールとしても利用できる。
アルファベットから引く外国人名よみ方字典	日外アソシエーツ〔編〕、2003.2、590p;21cm	外国人の姓や名のアルファベット表記から、よみ方を確認できる字典。古今の実在する外国人名に基づき、アルファベット表記9万件、よみ方13万件を収録。人名は同じ綴りでも国によってよみ方はまちまち、その悩みもこれで解決。
人名よみかた辞典 姓の部 新訂第3版	日外アソシエーツ〔編〕、2004.9、610p;21cm	幾通りにも読める姓、難読の姓を徹底採録、その読み方を実在の人物例で確認できる辞典。部首や総画数でも、音・訓いずれの読みでも引ける。人物例には、職業や著作等を記載。姓10,401種、人物27,104人を収録。

インターネット時代のレファレンス

人名よみかた辞典 名の部 新訂第3版	日外アソシエーツ〔編〕、2004.9、670p；21cm	幾通りにも読める名、難読の名を徹底採録、その読み方を実在の人物例で確認できる辞典。部首や総画数でも、音・訓いずれの読みでも引ける。人物例には、職業や著作等を記載。名8,856種、人物30,969人を収録。
増補改訂 西洋人名よみかた辞典	日外アソシエーツ〔編〕、1992.10、3冊；21cm	分かりにくい西洋人の原綴やカナ表記の調査に、原綴からもどの読みからも引けて便利。古今の著名人約7万人を網羅。I 政治・経済・社会・科学技術 II 哲学・宗教・文芸 III 芸術・芸能・スポーツ
新訂 同姓異読み人名辞典	日外アソシエーツ〔編〕、2009.4、970p；21cm	4,664種の姓の10,516通りの読みを27,176人の人物例で示したよみかた辞典。1988年刊「同姓異読み人名辞典」を全面改訂。
名前10万よみかた辞典	日外アソシエーツ編集部〔編〕、2002.12、1040p；21cm	古代〜現代の日本人の名106,000種と、そのよみ137,000種を収録。実名だけでなく、筆名、雅号、芸名なども幅広く収録。先頭漢字から引ける「表記編」と、よみから引ける「表音編」の2部構成。
苗字8万よみかた辞典	日外アソシエーツ編集部〔編〕、1998.3、1330p；21cm	日本全国から収集した日本人の苗字84,000種と、それらのよみかた130,000種を収録。先頭漢字でも引ける「表記編」と、耳で聞いた音から漢字が分かる「表音編」の2部構成。便利な「音訓よみガイド」「総画順ガイド」付き。
名前の読み方辞典	東京堂出版編集部編、東京堂出版、1990.9、235p；20cm	2200漢字の9500通りの読み方を、昭和年代に活躍した実在の人物名を掲げて示した。

日本史人名よみかた辞典	日外アソシエーツ、1999.1、1207p；22cm	古代～幕末の、日本人名のよみ方・書き方辞典。古文書等に記載された人名を対象に、神名、架空・伝承名、日本で活躍した外国人なども含めた68,000件を収録。人名の表記から「よみ方」を、よみから「書き方」を、またキーワード、活動年代から特定の人物を検索することも可能。すべての人物に活動した時代や身分等を付記し、典拠も併載。
歴史民俗用語よみかた辞典	日外アソシエーツ〔編〕、1998.12、750p；21cm	日本史だけでなく考古学や民俗学の用語も引ける「よみかた」辞典。難読語や読み誤りやすい用語など25,000語を収録。用語の「よみかた」だけでなく、簡単な用語解説も付いている。
外国地名よみかた辞典	日外アソシエーツ〔編〕、2008.8、950p；21cm	外国地名のアルファベット表記からカタカナ表記を、カタカナ表記からアルファベット表記を確認できるよみかた辞典。国名・都市名・河川名・山岳名などの世界の地名約44,000件を収録。うろ覚えの表記・よみもこれで解決、インターネット検索時などに便利。
河川・湖沼名よみかた辞典 新訂版	日外アソシエーツ〔編〕、2004.2、580p；21cm,	日本全国26,557の河川・湖沼名の読み仮名と所在地（都道府県・水系または市町村）を収録。読み方は各都道府県河川担当課作成の資料に基づく。一文字目の漢字の総画数または単純な音訓読みから簡単に調べられる。
新訂全国地名駅名よみかた辞典―平成の市町村大合併対応	日外アソシエーツ編集部〔編〕、2006.10、1390p；21cm	全国の市区町村名、郡名、町域名（町名、大字）など118,900件の地名と、JR・私鉄・公営鉄道線の駅名9,000件の読みかたを収録。難読地名を多数掲載しており、町（まち・ちょう）、村（むら・そん）の区別も万全。「平成の大合併」以降の新名称にも対応。検索に便利な「頭字音訓ガイド」「検字表」付き。

インターネット時代のレファレンス

日本地名よみかた辞典	共立文化社、星雲社（発売）、2003.7、1200p；27cm	日本全国28万地名を、県別、市町村別に編集し、全てに「よみがな」と7桁郵便番号を付した実用的な地名辞典。全国の通称・小字に至るまで全てを網羅している。
動植物名よみかた辞典 普及版	日外アソシエーツ〔編〕、2004.1、960p；21cm	当て字や読みが難しい動植物名の読み方が分かる辞典。動物13,000件、植物15,000件を収録。学名の確認もでき、簡便な動植物事典としても利用できる。「五十音順索引」付き。
医学用語読み方辞典	医学用語研究会編、ユリシス・出版部、1998.5、254p；15cm	難読医学専門用語の読み方を、解剖用語を中心に8800項目を収録した辞典。用語の最初の漢字の総画数ごとに配列。部首索引、音訓読み索引付き。
新読み方つき医学・看護略語辞典	南江堂、2007.4、412p；19cm	略語の慣用読みには読み方を、和訳には漢字に振りがなをつけ、さらに一見しただけでは意味がつかみにくいものには補足説明を付した。臨床現場でドクターやナースが日常用いる略語はほぼ網羅。使い勝手を徹底させた実用本位の略語辞典。
国宝・重要文化財よみかた辞典	日外アソシエーツ〔編〕、2009.12、630p；21cm	難読が多い国宝・重要文化財の通称・指定名など約17,700件を収録。絵画、工芸、彫刻、書跡、典籍、古文書、考古資料、歴史資料、建造物などあらゆるジャンルを網羅。読めない漢字でも容易に引ける、頭文字の総画数順に構成。作者、制作年代、所蔵・所在なども併記。
歌舞伎・浄瑠璃外題よみかた辞典	野島寿三郎〔編〕、1990.6、485p；21cm	歌舞伎および音曲（河東節、清元、常磐津など）約15,000件を収録。難読な外題の正しい読み方を簡単に調べることができる。
音訓引き難読語辞典	日外アソシエーツ辞書編集部〔編〕、1993.7、540p；19cm	和語の熟字訓を中心とした難読語約14,000語を収録。各語に簡単な意味がついているので、辞書・辞典を引きなおす必要がない。どんな難読語も必ず引けるよう、先頭漢字の音読み、訓読みどちらからでも引ける「頭字音訓ガイド」付き。

タイトル	編者等	概　要
漢字の読み方辞典	東京堂出版、1992.9、333p；20cm、監修：遠藤鎮雄	漢字4300字を音よみの50音順に配列し、当て字・熟字訓から固有名詞まで漢字の読み方が分かる辞典。
季語季題よみかた辞典	日外アソシエーツ〔編〕、1994.7、830p；21cm	日本人の感性が生んだ季語季題。漢字1文字を手がかりに読み方がすぐ分かる。総画数でも、音・訓いずれの読みでも引け、最大規模20,700語を収録。各語には簡略な説明付き。
近代文学難読作品名辞典	日外アソシエーツ〔編〕、1998.11、310p；21cm	明治元年〜昭和63年に発表された近代日本文学の難読作品名7,588件の読みを調べる辞典。小説、戯曲、随筆、詩、短歌、俳句などあらゆるジャンルを網羅、読めない漢字からでも引けるよう、親字の総画数順に編集。作者名、ジャンル、発表年も掲載しているので、同一表記の他の作品との識別も簡単。「親字音訓ガイド」付き。
古典文学作品名よみかた辞典	日外アソシエーツ〔編〕、2004.1、670p；21cm	日本の古典文学作品名の読み方辞典。物語、日記・紀行、随筆、戯曲、和歌集、俳諧集など近世以前に成立した13,393点を収録。読み方と共に作者名なども記載。読めない漢字でも容易に引ける、1文字目の総画数順排列。「五十音順作品名一覧」付き。

第8表　よみ方辞典等（CD-ROM）一覧

タイトル	編者等	概　要
CD-日本史人名よみかた辞典	日外アソシエーツ編、2002.3	古代〜幕末の、日本人名のよみ方・書き方辞典。古文書等に記載された人名を対象に、神名、架空・伝承名、日本で活躍した外国人なども含めた68,000件を収録。人名の表記から「よみ方」を、よみから「書き方」を、またキーワード、活動年代から特定の人物を検索することも可能。すべての人物に活動した時代や身分等を付記し、典拠も併載。

CD-OPAC用 西洋人名辞書 よみ方綴り方辞書	日外アソシエーツ編、2001.2	西洋人名表記17万件のカナと原綴りを収録した人名辞書ファイル。前方後一致、任意一致といった多彩な検索により、うろ覚えの人名もすばやく確認できる。著書や肩書・職業など人物同定のための情報付きなので、迷わず人名を選び出せる。学内端末（1キャンパス）インストールフリー。
CD-30万語よみ方書き方辞典	日外アソシエーツ編、2006.11	一般的な辞書では調べにくい30万語の表記と読みを簡単に調べられるよみかた辞典。地名・駅名・河川・島嶼、動・植物、日本文学、歴史民俗、歌舞伎浄瑠璃、季語季題などに加え、一般難読語まで幅広く収録。見出し語（表記・よみ）、1～3文字目の音訓読み・画数からも調べることができる。

（補2）ふりがな付き辞書等

誰でも読める日本近世史年表：ふりがな付き / 吉川弘文館編集部.
-- 吉川弘文館, 2007.12、437,71p；23cm

誰でも読める日本近代史年表：ふりがな付き / 吉川弘文館編集部.
-- 吉川弘文館, 2008.8、327,67p；23cm

誰でも読める日本現代史年表：ふりがな付き / 吉川弘文館編集部.
-- 吉川弘文館, 2008.11、358,52p；23cm

誰でも読める日本古代史年表：ふりがな付き / 吉川弘文館編集部.
-- 吉川弘文館, 2006.12、619,42p；23cm

誰でも読める日本中世史年表：ふりがな付き / 吉川弘文館編集部.
-- 吉川弘文館, 2007.10、531,61p；23cm

コンパクト家紋5000：ふりがな付き・割出し方付き / 金園社企画編集部編　金園社、2009.5、271p；15cm、注記『正しい家紋台帳』（2005年刊）の再編集

ふりがな付き普通免許問題 / 倉宣昭著　西東社、1995.3、158p；21cm

ふりがな付き法学研究者名簿. 1985年9月現在 / ユスティティア

の会編、ユスティティアの会、1985.9、110p；25cm、注記　付・大審院長, 最高裁判事経験者名

　さて、以上でレファレンス質問・回答サービスに積極的に取り組む意欲が湧いてきただろう。この程度まで知っておくと自信がつくし、利用者への調査過程の説明などもなめらかにできるようになるし、なにより調査の時間が短くなる。時間をかければそれなりに深く調べることができるようになる。もちろん、重要な地域資料については別のトレーニングが必要である。

5. レファレンスサービスをさらに充実させるために

　これまでは、ともかくレファレンスサービスにがんばって取り組むというスタンスで職員の調査・回答能力の向上の方法にしぼって考えてきたが、これからは職員の能力向上をベースとして、レファレンスサービスの質の向上を目指すと同時に、個人の努力を組織の力に変え、それを組織として安定し継続したサービスへと高めていくという段階に突き進むことになる。

　そのためには、まず、いままで学んできたレファレンスツールを知り、活用方法を学び、レファレンス質問回答事例に即して活用できるようにしたい。それを定式化して、職員の共有物とするとともに、利用者にも公開して、利用者自身が自分で図書館で調べることができるようにする。レファレンスツールを組織化するというテーマに挑戦する。

5-1. レファレンスツールを〈組織化〉する

　レファレンスツールは、質問を調べるときや特定テーマに関する調べ方の案内などのときに使われるが、質問を受けてからどれを検索しようかと考えるようでは、時間がいくらあっても足りない。質問を聞き始めた時点で、手にするレファレンスブックや検索するインター

インターネット時代のレファレンス

ネット情報源のサイトが頭に浮かぶようになっていないといけない。そのためには日頃からレファレンスツールを手にして調べる方法やどのような質問で活用できるかイメージを持てるようにトレーニングする必要がある。

ひとつのツールで分からなかったときは、次にどのツールを手にするのか、など、特定のテーマの質問に対してツールを順序立てて活用・検索できるようにしておくことを、レファレンスツールの組織化と呼ぶ。

各種のレファレンスツールを、特定分野の資料や事実を、効率よくかつ的確に調べることができるようにあらかじめツールを組織化しておく必要がある。Aという資料をまず手にして、次にBという資料を調べる。さらに、CというWeb上のデータベースを検索する、というようにである。さまざまな資料やデータベースなどを個々に評価して、包括的なものから個別領域のものへと調査を展開していく。このためにあらかじめツールを組織化しておく。

作っておくといいものは、つぎのようなものがある。

所蔵調査では、本、雑誌、新聞、地域資料、CD、DVDの検索方法。自館だけなく、自館になかったとき、所在調査として、相互協力機関があればそのOPACの検索方法、類縁機関があれば、その利用方法など。

書誌事項調査では、図書、雑誌、新聞、年鑑年報、CD、DVD、地域資料についての調べ方。

文献調査では、特定テーマの図書、新聞、新聞記事、雑誌、雑誌記事、CD、DVD、インターネット情報源などの調べ方。

事実調査では、一般的な事項の調べ方と、意味などの調べ方、また専門分野でよく聞かれる事柄の調べ方。

調べ方案内は、上記を参考にして、また子育て支援、健康情報、ビジネス支援など地域の課題解決支援のテーマを中心に作成しておくといい。この他、よく聞かれる質問の調べ方、自由研究・調べ学習のテーマについても作成しておくといい。これらは、他の図書館で作成したものを参考にして自分の図書館と地域の図書館を視野に入れて作ると

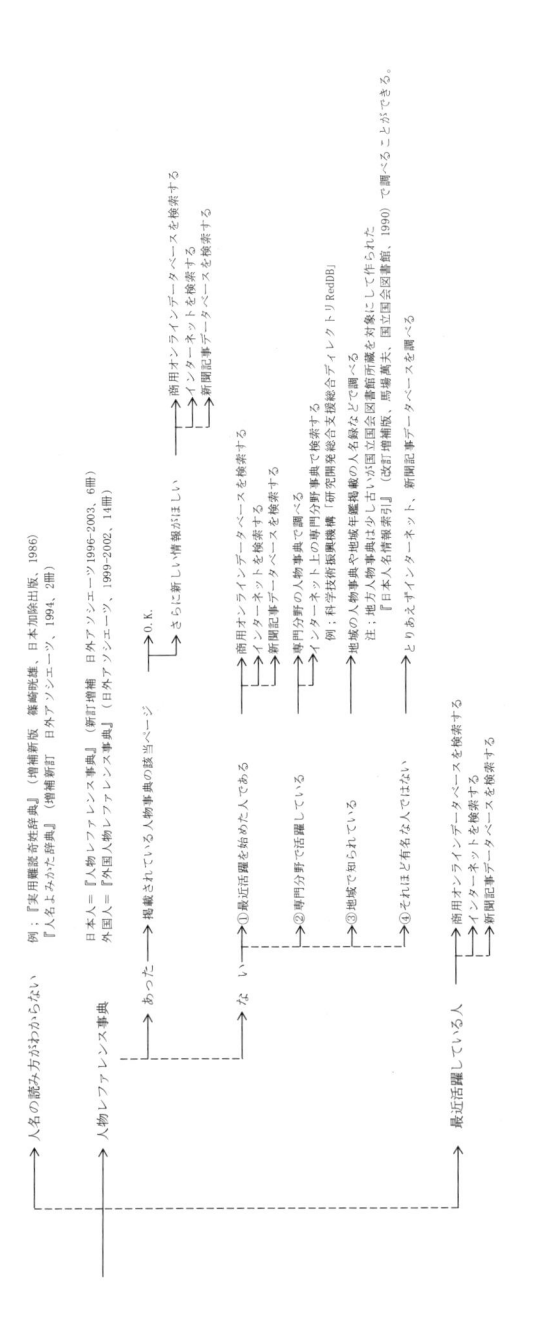

レファレンスサービスをさらに充実させるために

第3図　チャート図　人物について調べる

よい。

　また、自館で調べることができる範囲と他の館にレファレンスの協力を依頼する例なども折り込んでおくとよい。すべて自分の図書館で調べるのは無理である。そのときは、協力を他の図書館に依頼する。

　具体的な例として人物を調べるためのツールの組織化を第3図として紹介しておいた。

　人物に関して質問されたらまず日外アソシエーツの「人物レファレンス事典」を手にして調べる。そこにあれば、もっと詳しい情報が記載されている人物事典への指示が書かれているので、その人物事典を手にして該当のページを開ける。「人物レファレンス事典」になければ、①最近話題となった人、②専門分野で活躍している人、③地域では有名だが東京で出版する人物事典には載っていない、④人物事典に取り上げられるほど有名ではない、などが考えられる。その場合は、それぞれの探索方法を考えて、探索する。また人物事典にあっても新しい情報が必要な場合は人物関係のオンラインデータベースを検索する。このような探索の流れをチャート図としてまとめておき、分からないときはすぐに参照して調べることができるようにしておく。

（補3）エキスパートシステムの導入

　実際の調べ方についてはエキスパートシステムを導入して、図書館員の調査を支援するだけでなく、個々の調査をチェックしてアドバイスすることも考えられる。例えば、地名のよみについて調べる場合、図書館員が調べた方法についてチェックして、もっと他の調べ方がある場合、それを提示して、より正確でより効率的なサービスを提供できるようになる可能性がある。

　また、利用者がデジタルレファレンス（デジタル化されたレファレンスの質問・回答データベースを自分で検索して、役立てる）で検索したあと、自分の問題を具体的に解決しようとしたときにも、アドバイスすることができる。

5-2. 地域の課題解決支援サービスに取り組もう

　地域の課題解決支援サービスは、2006 年の文部科学省のこれからの図書館の在り方検討協力者会議の報告『これからの図書館像 -- 地域を支える情報拠点をめざして（報告）』で取り上げられたもので、さまざまなものが考えられる。地域のニーズに対して図書館が積極的に働きかけるという意味で、図書館側の取り組みが必要なサービスである。そのためには、図書館員の意識の改革も求められる。

5-2-1. 現代社会での地域の課題解決支援サービス展開の意義・必要性

　図書館のサービスの流れからみると、図書館が地域に役立つことを示すという意味で、地域の課題解決支援サービスに取り組む必要がある。またそれを、図書館としての基本的なサービスとして位置づける必要がある。

　従来の日本の公共図書館（公共図書館に限らないが）は、来館者を待ってサービスをするという傾向が強かった、と言われている。たしかに、来館者を待ってサービスを行うと、一定の期間をすぎると一定の範囲の利用者のものとなる、つまり利用者が固定するという傾向があらわれる。図書館で扱っているものは本や雑誌などであり、これらには知識や情報、物語がつまっている。物語は別にして、知識と情報は、経済・社会の中では「特権財」という性格を持つもので、個人がそれを占有することで、一定の経済的な効果をもたらすために、必然的に個人に特権的に占有される財となるという性格を持っている。したがって、図書館が、待ちの姿勢でサービスを継続すると、当然、地域の一部の住民のものとなっていくという必然的な結果を生む。これをすべての住民のものにしていくためには、図書館が本来の役割、つまり近代社会では知識の共有化を通して、地域社会づくりに貢献し、ひいては知的な創造に関わるという役割を持っているという基本に立ちかえって、その役割を果たしていくために、所蔵している知識をす

インターネット時代のレファレンス

べての住民のものにしていく必要がある。その方法として、積極的な地域住民への働きかけが不可欠である。その意味で、地域の課題を取り上げて住民へ積極的に働きかけ、住民の図書館利用を促進するということは大きな意味がある。

さらにこれからの社会では、知識・情報の共有化のために、図書館の役割が期待されている。それは、知識・情報と人を結びつける社会的な仕組みの中での役割である。人と知識・情報を結びつけるルートには、

①マスメディアというルート（テレビ、ラジオ、新聞などで一方的に）
②質問・回答サービスというルート（図書館の相談窓口など）
③情報ニーズを持った社会的なグループを想定して、そのグループが求めるであろう知識と情報を入手しやすいように用意する、また、探し方を案内する、それをあらかじめ用意しておく

というものがある。

さらに④現代では、知識・情報ニーズを持った人がインターネット上にコミュニティを作って、お互いに自分の持っている知識・情報を持ち寄って、相互に助け合い、これを公開するということも行われるようになっている。

図書館は、従来②に取り組んできたが、これからはあわせて③に取り組むことで、情報格差を是正し、社会の健全な発展に寄与することを期待されている。

地域の課題解決支援サービスは、もっぱら③のルートに関わるもので、地域住民の情報ニーズを想定して、積極的にグループに向けて情報を提供し、また相談窓口を開設して、来館をうながす、という活動になる。

これはまた、住民にとってもメリットがある。

5-2-2. 住民・図書館それぞれのメリット

①利用者にとってのメリット
　自分が抱える問題、さまざまな課題等々について、解決の糸口を見つけることができる。解決のためのヒントを得ることができる。
②図書館にとってのメリット
　住民の生活や仕事に役立つ新しい図書館像を、住民に提示できる。
③地域にとってのメリット
　地域の活性化につながり、地域社会の質を高めることになる。経済的な波及効果も期待できる。

5-2-3. 取り組みのために

　効果があがるサービスにするために、前提として、いつでも図書館に相談できるというイメージを地域中に作る。これは図書館が相談窓口を置いて、いつでも相談に応じているということを住民に知ってもらうように努力することが必要である。

　作業としては、地域の課題や住民の情報ニーズに対する調査研究を行う。それには、地域・行政の関連機関に協力してもらい、またアドバイスをしてもらうとよい。次に、課題がある程度設定できるようになったら、課題に対するサービス内容の範囲を確定する必要がある。図書館としてどこまでサービスして、それ以上は、既存の組織に協力をあおぐのか、ということである。

　次に、資料や情報等の収集を行う。それらをもとにして、館内にコーナーを設置したり、書架図を作成する。また、地域の課題に対する調べ方案内を作成する。想定質問・回答集も作成するとよい。これは、他の機関のものを大いに参考にする。また、専門家を招いたイベント・講座・相談会の開催を計画する。

　一定の体制が整ったら、広報活動を行う。図書館員が地域へ出て行って、団体や会社、組織に働きかけをして、またポスター、チラシを配布する、新聞社などへの働きかけをするなどである。

いずれにしても図書館員が積極的に取り組むことが必要である。そのための研修も十分行う必要がある。

また、この段階でのサービスの質を高めるためには、地域の情報や外国の主題・専門に関する情報源の検索方法などを身につける必要がある。それらを日本の情報源と同じようにリストアップして検索できるようにトレーニングしておくとよい。

★コラム　図書館でのビジネス関係調査は？　その評価

> ビジネス支援図書館推進協議会が行った「図書館員が企業で起こっているビジネス課題に対して、どの程度のレベルで的確に答えることができるか」を競うビジネスレファレンス・コンクールに寄せられた、企業からの声を紹介しておきたい。(『図書館があなたの仕事をお手伝い　図書館員によるビジネス課題への回答事例集（財団法人図書館振興財団平成21年度助成事業）』（ビジネス支援図書館推進協議会編、ビジネス支援図書館推進協議会、2010.7、19ページ）
>
> （事例は「バイオテクノロジー関連機器の販路開拓～販路候補先の実態調査、まだ見ぬ将来予測」である。）
>
> *率直な感想*：よくできている。市場調査の方法を教えてもらったようだ。市場調査をコンサルタントに依頼することもあるが、ピントがずれていて結局役に立たないことが多い。一方で、今回得られたレファレンス結果は的を射ており、大変参考になる。
>
> *これまでの情報探索方法*：自社でウェブ探索をして情報を探すことが中心であった。その他には、出入りする業者や取引先に協力をお願いすることや、時々書店をあたる程度だった。図書館を利用したこと、利用してみようと考えたことはなかった。
>
> *具体的な内容について*：「保健所事業概要」のような保健所から出された事業報告資料が図書館にあるとは思いもよらなかった。日本の保健所でNAT検査が行われていることは知らなかったし、検査

> 件数まで公開されているとは驚いた。保健所ではどのような機械で検査が行われているのかさらに詳しく知りたくなった。また、こんなにすごい出来栄えであれば「植物検疫所」についても調べてもらえればよかった。
>
> **図書館について**：ここまで網羅性の高い、数字で裏づけされた情報を得ることは自社では無理だった。これなら事業に役立つため、今後是非図書館を使ってみたい。収集した資料をもとにひとつの読み物としてまとめ上げるまでのサービスはなくても、このような資料が入手できるだけでもありがたい。（「レファレンスに対する更なる要求」は省略）

5-3. 利用ガイダンスを進める

　利用ガイダンスもこれからの図書館にとって欠かせないものとなる。利用者に積極的に働きかけるひとつの方法である。

　これは、まず、館内のツアーからはじまって各種のものが考えられる。インターネットのホームページも上手に活用する。

　館内ツアーは、図書館の上手な利用方法を知ってもらうために、図書館の内部の仕組みを見てもらう、さらに図書館の中の仕事なども知ってもらうために開催する。人手があれば常時開催するといい。時期を限って開催する、また、会社の新入社員や学校の生徒などターゲットを定めて行うのもよい。これは図書館側からの働きかけが必要となる。

　調べ方の講習会を開く。これは図書館の講座として、調べ方案内（パスファインダー）をもとにして開催する。昼間、夜間、テーマを変えて行うのもよい。

　その枝葉として、インターネット情報源の検索の講習会を開く。これはインターネット上に住民の仕事や生活に役立つものが多いので、それらを紹介すると同時に検索方法も案内する。実際に開催すると、すでに使い込んでいる人とまだ使ったこともない人とが混在して、なかなか進め方が難しいのだが、よくできる人にはその人用に別メ

ニューを用意しておくなどの工夫も必要である。

夏休み前には生徒の親が関心を持つ。これは小学校高学年、中学校の夏休みの宿題対策で、まず、親が学んでおこうという気持ちになるからである。

ある程度の年齢向けの自分史を作ることをテーマにした調べ方の案内の講座も人気の一つとなる。

社会人向けには、1日、1テーマというメニューが参加しやすい。夜間に開設するとよい。

オンラインデータベースの検索の講習会を社会人向けに開く。これも夜間開設がよい。

調べ学習の場として使ってもらうのもひとつの方法である。夏休みのはじめに開設する。イベントとして、ゲーム形式、オリエンテーリング方式なども折り込んで、楽しく学んでもらうようにする。

特定テーマの講演会を開く。これは社会人向けが中心で、ビデオに撮っておいて編集して、ホームページにアップすることも考えてよい。

ビジネスなど地域の課題に関する相談会を開くのもよい。あわせて情報の探し方を案内するコーナーを設けて、商用オンラインデータベースの検索のデモも行うとよい。

いずれを行うにしても、調べ方の案内の整備が必要である。

5-4. サービスの一層の充実のために経験をルール化する

本書で、ここまで述べてきたことをまとめると、次のようになる。
(1) 図書館としてとりあえずサービスを提供するために、方針・基準・マニュアルを作る。それに基づきレファレンスコレクションを構築し、サービス環境を整えて、職員をトレーニングする。(4～33ページ)
(2) 職員の能力、特に利用者とのコミュニケーションと質問に対する調査・回答能力を段階的に高める。(34～93ページ)
(3) 職員の能力向上をベースにサービスを充実させる。(93～102

ページ）

　上記を基盤としてサービスを一層充実させるためには、職員が蓄積してきた経験を組織共通の財産に高めていくことが必要である。それは、当初とりあえず作成したサービス方針・基準・マニュアルを見直し、経験をルール化して、それらに織り込んでいくことによって可能となる。まず、ルール化する意味・効果から考えていこう。

5-4-1. ルール化する意味・効果

　レファレンスサービスを継続して公平で安定したものとするためには、職員の経験を蓄積して、分析し、一定の法則を把握して、それを方針・基準・マニュアルに織り込む、つまりルール化することが必要である。

　ルール化することは、
① サービス内容を一層明確にすることによって、担当者が仕事の内容をよりよく理解することができるようになる。
② サービスの過程と水準を明確にすることができ、それを維持することが容易になる。
③ 住民・利用者及び市役所の職員、議員、新聞記者などに組織としてサービスを提供していることを明確に示すことができる。
④ 住民・利用者及び市役所の職員、議員、新聞記者などからサービス内容・基準について説明を求められたとき、説明の根拠とすることができる。

以上のような効果がある。

5-4-2. 方針・基準等の見直しと修正

5-4-2-1. 見直しと修正の方法

　方針等の見直しと修正の方法は、まず職員の経験、サービスの問題点、質問回答事例などのメモを持ち寄って分析、討論することからはじまる。修正または追加すべき項目が明らかになったら、それを文章化する。

方針・基準を修正したら、館長から図書館協議会に提出してもらい、協議会で検討して、意見をもらう。意見を検討・吟味して、一定の修正を加える。その後、住民に公開して、意見を求め、出された意見を検討して、修正して、確定し、起案、決裁する。これらは、図書館のホームページにアップして、他の条例・規程・方針等とともにいつでも読むことができるようにする。

　方針・基準レベルでは、レファレンスサービスが利用者に対する支援・援助であるということに対する理解、謝絶する質問の範囲と対応方法、インターネットの端末の利用方法や商用オンラインデータベースの提供方法などが問題となるだろう。利用が多くなれば、いままで問題になっていなかったようなことも、問題点となって浮かびあがってくる。インターネットの画面の印刷方法、検索結果のダウンロードの方法も問題になるだろう。

　見直しをしようとすると、どうしても用語の定義やサービス範囲等を厳格・厳密にするようになりがちだが、あいまいな方がいいものは、そのままにしておいた方がよい。例えば、受付ける質問の範囲は漠然としておいた方がよい。入口近くにカウンターを置けば、利用者は何でも聞いてくるからである。

　ここでは、修正・見直しの際に問題となる事項をいくつか取り上げて検討しておこう。

5-4-2-2. 利用者への「支援・援助」に対する考え方

　レファレンスサービスが利用者に対する支援・援助であるということに対する理解、謝絶する質問の範囲と対応方法は、レファレンスサービスの研修会で質問として出されるものの一つで、理解に幅のある問題である。

　少し解説しておくと、その範囲、例えば、特定のテーマに関する資料の探し方を案内する場合では、カウンターで一通りの説明をして、あとは自分で探してください、ということで終わらせるべきであるという意見は根強くある。「支援・援助」なので図書館員が一緒に館内

を歩きまわって探したりする必要はない、という意見だ。
　これには、3つの問題がある。
① 特定のテーマに関する資料は、図書館によって置き場所やOPACで検索できるデータの範囲、資料の収集範囲などが違うので、図書館を使い慣れている人でも戸惑う。
② 各種の資料を横断的に探すということに慣れていない人には時間がかかるものである。図書館員が一緒に館内をまわって効率良く探しだすことができるように案内すれば、利用者は随分と助かるだろうし、時間を他のことに役立てることができる。
③ さらに、高齢者などは特に配慮して一緒に館内を案内するようにすべきであろう。
　したがって、原則、利用者と一緒に歩いて案内すべきであろう。（カウンターに利用者が列をなして待っている場合は、別だが）
　また、インターネット情報源の検索でも、「支援・援助」なので、どのようなサイトの検索エンジンで検索すればいいかまでは案内するが、個々の検索エンジンの検索方法までは案内しないという考え方がある。これは、利用者の困惑を知らない館員の意見だ。（つまり経験としてきめ細かいサービスを行っていない、あるいは経験が少ない図書館員の意見である）。
　インターネット情報源の検索は、インターネットの利用に慣れている人でも難しい。例えば、「法令データ提供システム」の検索エンジンをみると、画面に2つのテキストボックスが並んでいる。上が全文検索の検索エンジンで、下が法令の名称を検索する検索エンジンである。普通、2つ並んでいれば、まず、上の検索エンジンで検索するだろう。人情として当然である。ところが、これは大きな迷路に迷い込む入り口なのだ。
　全ての法令を全文検索するために、沢山の法令が検索結果の一覧表として並ぶ。自分が求めているものがどれか、その中から探しだすのは容易でない。仮に探し出せても、その法律に関連する施行規則、基準、政令、省令などを探しだすのは無理だ（件数が少ないものはでき

るが)。

　通常、法令を検索してみようという人は、法律そのものと関連する施行規則、基準、政令、省令なども一緒に分かればいいな、ということで検索する。そのあと法律そのものや特定条文の解釈、関連する法律などを探すということになる。そうした意味では、まず、下の検索エンジンでキーワード検索した方がよい。

　例えば、下の検索エンジンに「個人情報保護法」と入力して検索する。すると、個人情報保護法が検索でき、結果一覧には、施行規則や行政機関、国の独立法人に関わる個人情報保護に関する法律と施行規則が並ぶ。(ついでに述べておくと、個人情報保護法は大変奇妙な法律で、本体の個人情報保護法は民間の会社・団体・組織の個人情報保護に関する法律となっている。この法律は、1995年のブリュッセルの電気通信閣僚会議で合意した電子政府構想を実現するための必要な措置として、情報公開法と個人情報保護法の制定が求められ、制定したはずだった。したがって、両方共、国の行政機関に関わるものでなければならなかったはずだ。そうでなかったところに、日本の政府の混迷ぶりが見て取れる。国会の議論の中でそうした意見が出て、個人情報保護法については別に国の行政機関と独立法人に関わるものを制定した。なお、地方自治体は条例で定めることになっている)。

　こうした難しさは、国土地理院の二万五千分の一地形図が閲覧できるページ「ウォッちず」にも言える。地図上の地名や施設名で検索できるここには大変便利な検索エンジンがある。例えば、九州にある「深浦東分」という地名がどこにあるか知りたいときは、「ウォッちず」の検索のページを表示して画面をスクロールして、下のほうにある検索エンジンのテキストボックスに「深浦東分」と入力して検索する。結果一覧の中の「深浦東分」をクリックすると真ん中に「深浦東分」と記載された地形図が表示される。所在の町名も分かる。

　しかし、これは検索のページをスクロールしないと検索エンジンが出てこない。これに気がつかない人もいる。気がつかないと、せっかくの便利な機能も使えないということになる。

これは、判例、特許・商標などの検索にも言える。実際に検索するところまで手伝って、はじめて支援・援助をしたと言える。

5-4-2-3. 遠い地域からの質問の扱い

　遠い地域からや外国からの質問はどう考えるべきだろうか。図書館に質問できる人は、設置自治体の住民か、通勤・通学の人か、周辺市町村の住民か、に限られるのが通例である。

　遠くの地域の住民からの質問は、無碍に断るのではなく、質問は受けて、調査・回答して、次の質問は地元の図書館に寄せるように案内する。また、外国からの質問も同様である。（ただ、地域の事柄に関する質問はいつでもどこからでも受付、回答する）。

　しかし、このように定め運用しても、遠くの地域からの質問があとをたたないという図書館がある。これは当該図書館が他の図書館に比べて良いサービスをしているからで、ある程度仕方がないとあきらめるより他ない。電話ではどこからかけているか分からないし（番号を表示させるようにすれば分かるが）、電子メールでは入力フォームに地域名を入れるようにして、地域外は制限する方法もあるが、これもあくまで利用者次第で、すべて厳密に運用できるわけではない。ある程度仕方がないとしておいた方がよい。

5-4-2-4. 法律、医療などの質問に対する考え方

　法律、医療など他に専門家がいる分野の質問については、どの程度まで図書館が質問を受付、調査・回答するのか。これは、他に専門家がいるという理由ですべての質問を謝絶するのは適当ではない。せっかく図書館をたよってきたのだから、回答してはいけない部分は別にして、図書館の資料によりながらできるものは調査・回答する。個々のテーマに付いて、回答する範囲を明確にしておいた方がよい。

　例えば、法律に関する質問では、現実に係争中の案件に関わるもの、具体的な事例に関して法律等を解釈して対応方法を求めるものなどは、謝絶すべきであろう。法律や判例の検索、一般的な法律の解釈

や特定条文の解釈は、それについて書いてある文献があれば回答できるので、これは受付、調査の対象となる。

　医療に関しては、具体的な症状があってそれを治療するための方法を求めてくるというような質問は、謝絶すべきである。ただ、一般的に胃潰瘍の治療方法を知りたいとか、薬の副作用について知りたいという質問は受付・調査する。

　このように、専門家がいる分野も、図書館の資料等を活用して調査・回答できるものは受付ける。

5-4-2-5. 回答に要する時間や一度に受付ける件数

　ひとつの質問にかけることができる時間や一度に受付ける質問の数は、公平なサービスという視点からはっきりとさせるべきことである。決められた時間をこえて調査する場合は、上司の許可を得て行うとか、数は、福祉関係の例えば対面朗読者からの質問には特に多くても回答するなどマニュアルに明記しておく。また、謝絶する質問、他の窓口にまわす質問など、具体的な事例をマニュアルに書き込み、範囲等をすぐに特定できるようにしておく。

5-4-2-6. 事実調査の範囲

　事実に関する調査を行う範囲も問題となる。サービスの公平な提供という点から、これもレファレンスコレクションや調査にかける時間で範囲を制限すべきである。

　例えば、カウンターの周辺に置いてあるレファレンスブックとインターネットのリンク集の中のサイト・ページの範囲内とか、2時間以内などである。これをこえて調査するときは上司の許可を得る。

　この他、調査過程に関わることでは、インターネットサイト・ページの評価方法や評価基準、調べ方案内（パスファインダー）の作成方針なども課題となるだろう。さらに、利用者への時事的なテーマ、地域の住民が関心を持っているテーマなどに関する速報的な情報源の紹介リストの作成と提供方法、作成頻度、内容なども課題となるに違い

ない。
　この他、IT技術を使ったサービスの向上方法も将来の課題として議論しておく必要がある。

5-4-2-7. マニュアルレベルの問題

　マニュアルレベルでは、電子メールでの回答方法、記述の詳しさ、書誌情報・メタ情報の書き方など職員が統一して書くことができるようにすることも問題となるだろう。
　また、質問回答サービスに関わっては、メモの取り方、質問記録票への記入の仕方、電子メールでの回答の留意点、回答の書き方などをマニュアルに書き込む。
　自館でレファレンス質問事例データベースを作成する、あるいは国立国会図書館のレファレンス協同データベースに参加する、は議論して決めればいいだろう。クラウドコンピューティングの時代が来ることが考えられるので、自館で作成するより国立国会図書館の事業に参加する方がいいだろう。
　マニュアルの作成事例を一部紹介しておこう。

5-4-3. マニュアルの例（1）接遇・質問の受付など

　レファレンス質問の受付は、接遇について書くことになる。そこには、本書2-6で書いた、言葉遣いについても書き込まれる。
　受付については、次のような事柄になる。例として示しておこう。

◇◇受付―接遇上の一般的な注意
　①正しく分かりやすく感じよく話す。
　②相手にも分かる言葉で話す。語尾まではっきり話す。
　③いつも明るく。
　④聞き上手であること。
　⑤あいづちとつなぎを適切に。
　⑥必要以上に丁寧にならないこと。

⑦不必要に引き延ばさないこと。
　⑧言葉遣いは十分気をつける。実例として16ページの一覧表をここに入れておくとよい。

◇◇カウンターでの一般的な注意
　①係員は館を代表して利用者に接していることを自覚し、利用者に接する。
　②いつでも質問に応じることができるようにしている。
　③面倒がるそぶりや冷淡な様子はみせない。
　④誰にでも公正な態度で接する。
　⑤苦情を受けたときは利用者のペースに巻き込まれないように、かつ利用者の立場を考えて冷静に対処する。収拾がつかないあるいは時間がかかりそうなときは机の下のブザーで応援の合図を事務室に送る。

◇◇質問の受付
　◇カウンターでの質問の受付
　①質問の受付
　質問の要点をメモをとりながら素早くかつ的確に把握する。
　質問内容に即して、調査をするうえで必要な事項を利用者との応答で確認する。その際、利用者のプライバシーには十分注意する。
　②交代、引き継ぎ
　交代者は、交代時刻の5分前に所定の場所に行き、引き継ぎを受ける。
　調査途中で交代しなくてはならないときは、質問内容を記録したものと調査過程のメモを交代者に手渡し、引き継いでもらう。
　③調査の途中で声をかけられたとき
　調査の途中で声をかけられたときは、質問内容を聞いて簡単なものであれば、本棚の案内、検索などをしてその場で回答するが、調査を要するものは、待ってもらい、調査が終わり次第、声をかけて質問内

容について詳しく聞く。

◇電話での質問の受付
①質問の受付
　ベルが鳴ったら、受話器をとって「はい、相談係です」と答える。
　質問事項を復唱しながら簡潔にメモし、質問の要点を確かめる。
　受付が終わり、調査に移るとき、「しばらくお待ちください」といってから、受話器をおいて、調査に入る。長くかかりそうなとき、あらかじめ少し時間がかかると告げておく。「それではまた電話をかける」と利用者が申し出た場合、時間を指定して、その時間に電話をかけるようにお願いする。
　調査に時間がかかっている場合は、途中で一度「もうしばらくお待ちください」と伝える。
②簡単に分かりそうな質問
　数分で回答できそうな質問は、利用者の了解をとって、電話を切らずに調査する。再び電話にでるときは、「大変お待たせしました」と言ってから、会話に入る。回答に際しては、使用した資料名や検索方法などを必ず伝える。
③時間がかかりそうな質問
　時間がかかりそうな質問は、時間を指定してもう一度かけなおしてもらう。
　ただし、調査時間は１時間を限度とする。いくらでもいいという利用者には、「規程で１時間以上はお調べできないんです」と伝える。
　その際、下記の点について、もう一度確かめる。
　・質問の出所はどこか、あるいは何か。
　・利用者はどの程度それについて調べているか。
　・すでに分かっていることは何か。
　・最終的には、何をどの程度まで知りたいのか。
④来館を促すべきもの
　下記の項目については電話で伝えにくいので、利用者に直接来館し

て見てもらうように伝える。
・統計その他複雑な数字を含む説明。
・ものの形、色彩などの写真、図版による説明。
・楽譜、棋譜の類。
・各種の書式類。
・長文にわたる資料の読み上げ。
・その他、電話で回答しがたい、もしくは誤りの生じやすい事項。

⑤質問の数の制限

　質問の数は、おおむね5つまでとする。それ以上は、来館して自分で調べるようにすすめる。ただし、字のよみについては10まで応じてよい。この制限をこえる質問には、つぎのような場合がある。
・テープ起こしなどをしている人でたくさんの質問を次々と聞いてくるような場合。
・ひとつの質問に関連して次々と聞いてくるような場合。
・朗読奉仕者などで1度に10以上の字のよみを聞いてくる場合。

5-4-4. マニュアルの例（2）—相談を受けたときのメモのとり方

　メモをとるための質問記録票を作っておく。質問記録票は、紙の無駄になるかもしれないが、A4サイズが望ましい。必要に応じて沢山書き込めるようにしておいた方がいい。また、利用者にも示して、質問内容を確認したり、調べ方や回答内容を説明するためにもA4版がいい。
　図書館によってはA5版を使ってごく簡単なメモ程度しか記入できないようなものを使っているところがあるが、無駄になってでもA4版をおすすめしたい。
　なぜ、メモをとるのかであるが、次のことが考えられる。
① カウンターでの引き継ぎのため。
② 再質問時に担当したものが席をはずしているときなどのため。
③ 協力レファレンスの依頼などのため。
④ 利用者と質問内容を確認するため。

⑤ 質問の件数をとるため。
⑥ 質問の傾向や主題などを把握するため。

①から④は、実際にサービスを提供しているときで、⑤と⑥は質問が終わったあとの仕事等の処理のためである。

特に重要なのが「④」で、質問内容を正確にお互いに理解した上で、図書館員としては調べ始めるためである。例えば、利用者は質問内容が一つだと思っていても、図書館側ではいくつかにわけて調べた方がいい、ということもある。その場合も利用者にいくつかに分けてしらべるということをメモで確認してから調べる。

メモなので、書くことは省略されたものでいい。

調べた過程も大切なので、またカウンター、電話での引き継ぎのこともあるので、調べたレファレンスブック等は回答が出ていなくても書名と請求記号は書いておくといい。また、適宜、調べたときのキーワードも書き添えておくといい。例えば次のようにである。

  メモ
  例
  国史大辞典（請求記号）事項索引（キーワード）△△◎○○ ×
  世界名著大事典（請求記号）タイトル△△◎○△ ×

上記の意味は、『国史大事典』の場合は、事項索引を「△△◎○○」という言葉で調べたが、「×」、つまりなかったという意味である。『世界名著大事典』は、「△△◎○△」という書名で調べたが、「×」、なかったという意味である。

大きさはA4版、項目は少ない方がよい。利用者の属性を詳しく書く欄を設けている図書館があるが、質問記録票に書き込んだメモを利用者に見せて質問内容を確認したり、回答する時に利用者に見せながら説明する時もある。利用者に余計な気遣いをさせてしまうような項目は作らない方がよい。（なくても、サービス上支障をきたすことはない）。また連絡等の欄は個人情報が記録されることが多いので、一定の期間を経たら切りはなすべきであろう。

インターネット時代のレファレンス

```
┌─────────────────────────────────────┐
│                        年  月  日  時 │
│   質問記録票          ○○市立図書館  │
├─────────────────────────────────────┤
│ 質 問                                │
│                                     │
│                                     │
│                                     │
│                                     │
├─────────────────────────────────────┤
│ 調査・回答                           │
│                                     │
│                                     │
│                                     │
│                                     │
│                                     │
│                                     │
│                                     │
│                                     │
│ ------------(切りはなし)------------  │
│ 連絡等                               │
│                                     │
└─────────────────────────────────────┘
```

第4図 質問記録票（例）

　回答の内容は、長文にわたるものは概要か字数を書いて終わらせる。必要に応じてコピーをとって貼りつけておくといい。インターネットの画面も同様だ。とくにニュースなどすぐに画面が変わってしまうようなものは、必ずとっておく。あとで利用者からの問い合わせの時に回答するためにも必要だ。[注15)]

（補4）質問の記録方法
　すべての質問に対して調べた経過を書くのかというと、そういうわけにいかない図書館もある。私が勤務していた図書館がそうだった。

114

「相談係」の担当者は10人いたが、質問件数は年間で10万件で、そのうち4万件は質問を聞いた後に、主題室などに転送し、6万件については調べて回答した。(もちろん、1件当たり最大調査時間の2時間かけても回答にたどりつかなかったものもあった)。こうしたところでは、質問をメモするのがやっとで、カウンターで、ものによって調査過程まで書いて、引き継ぐということが行われていた。忙しい日は、つぎつぎと箱にメモが投げ込まれて積み重なっていくという状態だった。

そこまで忙しくなくても図書館によって忙しい時間帯ということもあるし、なんとなく余裕がないということもある。こうしたときは、質問をメモすることは必ず行い、調査過程は省略してよいということで運用する。あとでできるだけ、調査過程もメモに書き込むことにするか、各人の自由にまかせるか、それは図書館で決めればよい。

また、新任職員には3ヶ月間は質問だけでいい、というようにしてやらないと、精神的な負担増になってしまう。仕事がつらくなるというのではマイナスだ。

こうした職場では、べつに1カ月に1回全件詳細に記録する事例日を設けて、全員が取り組むようにして、図書館としてサービスの状況を知る手だてとするとよい。質問を書き込んだ記録票を集めて分析するだけでかなりの状況が分かる。曜日によって違いがあったり、時間帯によって違いがある。また、夏休みや冬休みなどはその時期に多く寄せられる質問がある、などである。

5-4-5. 電子メールを使った質問に取り組む―回答文の書き方

カウンター、電話との違いは、質問者と直接コミュニケーションをとっているか、いないかというところにある。電子メールは、質問者がメールで質問を送ってくる。ただし、その質問が図書館側が理解できるものとは限らない。図書館側から見て不完全な質問、漠然とした質問であり、さらに、どの程度の情報量を求めているのか分からない、などの問題があるものもある。これらをはっきりとさせるために、イ

ンタビューができない分、それを電子メールでやることになる。自然とコミュニケーション上の問題も発生する。

その上、回答に際しては、回答が書いてあるページを示しながら話ができるカウンターと違って、出所を正確に明記しなくてはならないという問題もある。

具体的な回答文の書き方の留意点としては、次のことがある。

インターネットを使って検索して回答を見いだした場合は、以下のように簡単なことでも調べた経過をきちんと書いて送る。受け取った利用者が、書いてある通りにコンピュータを操作して、同じ結果を再現できるように書くのが原則である。利用者の中にはインターネットの検索には慣れていない人が多いからだ。

例えば、次のように書く。

例1

　　国立国会図書館の「NDL-OPAC」の書誌一般検索で、タイトルの項目に「○◎○◎○」と入れて検索したところ、次のように所蔵されていることが分かりました。
　　（このあと、図書が利用者が求めているものか、利用者が自分で確認できる情報を示しておく。具体的には「書名、著者名、出版社、出版年等と請求記号」。（書くかわりに画面をコピーして貼り付ける））

例2

　　トーハンの「e-hon」で「××◎○○」というキーワードで検索したところ、3件ありました。その中にご質問の書名の本があり、出版社は、×××で、お値段は、○◎○円でした。この本の書名などは、次のようになっています。
　　（このあとに、「書名、著者名、出版社、出版年等」を書く。（画面をコピーするとよい））

マニュアルには、次のように書くといいだろう。

　　次の項目をチェックして、回答文を作って送る。

① 検索に使った検索エンジンの名前とURLは必ず書く。
② 検索エンジンを検索したときのキーワードは必ず書く。
　例えば、新しい言葉の意味を調べた場合「◎◎◎◎（キーワード）とは」とか、「経路　三軒茶屋から名古屋」というようにである。
③ 結果は簡単にでもいいので要点を書き、さらに必要なら関連の情報、要点に書いたことをさらに明確にする・補足する情報を記載する。

　例えば、新刊書の値段を知りたいという場合、値段を書いて、その本の書名、著者名、出版社、出版年などを書く。（質問した利用者が自分が知りたい本の値段か確認することができるようにするため。記憶違いとか、本が違っていると言うことは時たまある）。為替レートなどでは、検索した年月日時間を書き添える。新聞のニュース記事では、検索して閲覧した年月日時間も書く。

　　具体例：
　　▲▲様　さて、ご依頼のあった××についてですが、「Yahoo!JAPAN」（URL＝省略）の経路検索を使って、出発駅；三軒茶屋、到着駅；高崎、出発時間9時20分、と入力して検索したところ、一番早く行くことができる経路は、次の経路です。
　　三軒茶屋　→　渋谷　→京葉線に乗って→　大宮　→新幹線で→　高崎
　　なお、時間は例えば明日の9時20分に三軒茶屋で乗車しますと、1時間45分で到着します。料金は△△円です。

（解説）「三軒茶屋　→　渋谷　……　」の部分は、上記③の要点に当たる。「なお」以下は、補足する情報で、これはこの場合は不可欠なものと言える。
④ 検索エンジンは、原則としてGoogleなど2つ以上検索して結果を比較検討してあわせて提供する（ただし検索エンジン提供会社のサービスでこれだけでいいというものも存在する。その場合は別）。

⑤ 要点に書いた情報が載っているページは、必ず「出典」として、ページの作成者、ページ名、ページが入っているサイト名、URL、年月日を書く。（分かる範囲で）
⑥ 結果にたどり着くのが難しい場合は、「Yahoo! 天気予報 → 右下の「レジャー情報」の中のキャンプ場をクリック → 神奈川県をクリック → ○○キャンプ場をクリック」というように書く。

5-5. レファレンス質問件数の数え方

　レファレンス件数は、質問類型別に数える。つまり、所蔵調査、所在調査、書誌事項調査、文献調査、事実調査、調べ方案内である。文献調査には、メタ情報、つまりインターネット上の情報源のリストアップも含まれる。図書館によっては、書架案内や読書案内、リクエスト・予約関連資料調査などを加えた方がいいところもあるだろう。
　「教育関係の本はどこにありますか」という質問に対するものは、書架案内である。間違えても「利用案内」や「インフォメーション」という項目は作らない。普通、利用案内というと、施設の利用の仕方や特定の施設の場所などを聞くことに対する案内で、図書館の専門的なサービスに関わるものではない。レファレンスとは別に項目を作ってカウントするとよい。
　質問記録票の枚数が質問件数とならない。すでにふれたように一つの質問でもいくつかに分けて調べた方がいいものがある。これは分ければ、分けた数だけの件数となる。所蔵調査からはじまって他の調査に移行するときもある。これは流れで1枚の記録票に書かれるが、件数は複数となり、それぞれの質問類型別にカウントされる。まず、こうした件数を正確にカウントできるようにならないとサービスの評価はできない。

5-6. サービスの評価方法

　サービスの評価の項目は、質問類型別の件数、質問主題別 NDC 区分件数（質問の持つ主題を NDC10 区分で統計をとるなど）、回答できなかった質問件数とその理由、それらの全体に占める割合、[注16] カウンター等の接遇、調べる方法、利用者満足度、予算、人員などがある。

　方法としては、チェック項目をあげてチェックする、観察法調査、質問紙調査、覆面調査などを行う、資料を分析するなどがある。

　また、これらは単一館での評価と、他の館との比較、他の自治体の図書館との比較などもある。（ただ、統計の取り方などが違っているために単純な比較はできない場合が多い）。利用者アンケートを同一の項目、同一の状況で行うことで比較する方法もある。

　一定のサービスの提供が行われ、マニュアルが整備され、職員の研修も恒常的に行われるようになった段階では、以下のような項目で評価を行うといい。

　マニュアルが整備されていない、また、職員の仕事内、外部の研修会への派遣などが十分行われていないようであれば、チェックの内容もそれにあわせて修正して、項目も一部除外した方がいい。

　実態がともなわない部分を無理にチェックしても、それが外部に公表されたときにあらぬ誤解を招くことになる。また実態と遊離した形式的な評価になって、サービスの発展に資することにならないし、職員のモチベーションを高めることにならない。

　チェック結果へのコメントは常に職員が一歩前に踏み出せるような内容のものが望ましい。時系列で評価する場合でも、良い点があればそれを伸ばすようなコメントがほしい。

　チェック項目をあげておこう。

(1) カウンター等での接遇
・あいさつはできているか。
・敬語等の言葉遣いは適当か。

インターネット時代のレファレンス

- ・語尾まできちんと発音しているか。
- ・電話は呼び出し音がなったらすぐに出ることができているか。
- ・カウンターではいつ利用者が来てもすぐに対応ができているか。
- ・カウンターで本を読みふけったり、別の仕事をしているようなことはないか。
- ・スリッパをはいたり、音が出る靴などを履いていないか。
- ・服装はきちんとした清潔な感じのものか（無精ひげなどはやしていないか）。
- ・利用者の言うことに耳をかたむけてよく聞いているか（途中で面倒なそぶりをみせていないか）。
- ・利用者がカウンターの周囲や本棚を前に困っているようなとき、声をかけることができているか。
- ・利用者がカウンターの前で複数待っているとき、上手に声をかけてコントロールできているか。
- ・利用者の言うことを正確に聞き取ることができているか。
- ・カウンターや周辺で職員同士が声高に談笑しているようなことはないか。
- ・利用者が来ない時間帯には、カウンターの上に掲示板を出して積極的に本棚を見て回り、困っている利用者を見かけたときは声をかけることができているか。

(2) 質問回答サービスに関連して
- ・レファレンスブックは図書館の規模にふさわしい数量と内容で整備されているか。
- ・レファレンスブック、インターネット情報源は適切に使えるように職員のトレーニングが行われているか。
- ・テーマ別のレファレンスツールの組織化は行われているか。
- ・質問の受付は基準・マニュアル通りできているか。
- ・謝絶する質問に対しては適切な対応ができているか。
- ・調査方法はマニュアルの記載によりながら、さらに機転をきかせ

て調べることができているか。
・質問内容に対して、提示したレファレンスブックやインターネット情報源は適切なものであったか。
・利用者に調査過程などは適切に説明できているか。
・事実調査の回答では、類似の情報源が2つ以上あった時は、それぞれを利用者に紹介できているか。
・苦情に対しては、相手のペースに巻き込まれずに適切な対応ができているか。
・電子メールでの回答は分かりやすく書いているか。（利用者が記述の通りコンピュータを操作して検索過程と結果を再現できるように書かれているか）
・電子メールの回答文に回答の根拠となったインターネット情報源のメタ情報や印刷資料の書誌情報はきちんと書かれているか。
・利用者は、図書館員の対応に満足していたか。
・利用者は、調査・回答内容に満足していたか。

(3) 調べ方案内、利用ガイダンスなど
・調べ方案内のリーフレットは分かりやすかったか。
・利用ガイダンスの説明は分かりやすかったか。
・オンラインデータベースやインターネット情報源の検索の説明は分かりやすかったか。
・説明を聞いたあと自分で問題をやってみて、画面の切り替えや結果の画面の表示などは、説明通りにできたか。
・図書と雑誌、インターネット上の雑誌記事などを説明通りに探すことができたか。
・ホームページにアップする時事的なテーマに関する資料・情報の探し方案内で取り上げているテーマは、定期的に参考にしようという気になるテーマか。
・ホームページにアップする時事的なテーマに関する資料・情報の探し方案内で仕事や生活に役立ったことはあったか。

・利用ガイダンスのビデオをホームページでアップしているが、見たことがあるか。
・映画会、講座や行事のテーマに関連したリーフレットを作成して配布しているが、それらを見て図書館の資料を借りたことがあるか。

(4) 広報などについて
・レファレンスの事例をホームページにアップしているが、閲覧したことはあるか。
・レファレンスの事例の調査の説明は分かりやすいか。
・電子メールでの質問の入力フォームをホームページ上にアップしているが、記入しやすいか。

以上が考えられる。
「カウンター等での接遇」については観察法による評価となる。時には、覆面調査も行われる。ただ、「利用者の言うことを正確に聞き取ることができているか」は、記録票に書き込まれているものも参考にして判断することなる。
「利用者は、図書館員の対応に満足していたか」、「利用者は、調査・回答内容に満足していたか」などは利用者への質問紙調査や聞き取り調査をすることになる。
なお、行政の事業評価の方法として、例えば、レファレンス質問・回答の1件当たりの費用を算出する方法がある。これも慎重に行った方がいい。
日本の場合、全体としてレファレンスサービスはまだはじまったばかりと言ってよく、件数も非常に少ない。したがってそうした評価になじむものかどうかもよくよく考えて行うべきであろう。
例えば、アメリカのある市立図書館ではジェネラルレファレンスの窓口に年間30万件が寄せられるという。職員は10人で、電話での質問には5分以上かけてはならないといわれている。こうした状態と

比べると、日本はまだまだこれからで、住民のかなりの部分が何かあれば図書館に聞いてみようという気になるには、まだまだ時間が必要である。

　現在の低いレベルの段階で、お金がかかりすぎているので人員を減らすとなると致命的となる。これから社会的なサービスとして評価されるには、多くの時間と努力が必要である。公共図書館は継続的に、また、それぞれの段階にふさわしい試みを展開することで、そうしたレベルに到達すると言える。そのためには、それぞれの段階にふさわしい発展的なプログラムを図書館界として開発すべきであろう。

5-7. 担当職員の研修

5-7-1. 職場内研修の進め方

　職員の能力向上は不断にすすめる必要がある。レファレンスサービスを取り巻く環境は、IT技術の進展もあって急速に変わりつつある。図書館がもとめられる役割・期待もそれにあわせて変わる。これに対応するには、日頃の仕事と仕事中のトレーニングだけでは無理がある。職場内、外部の研修を組み合わせて系統的に実施することが望まれる。

　職場内研修では、特に新任の職員に対する研修が重要である。段階を追ってすすめる必要がある。職場によっては、3年から5年で異動するところもある。こうしたところでは、新任職員の職場内研修自体をマニュアル化して、効率良くトレーニングするように心がけるといいだろう。(一般行政職はこうしたことが得意なはずだが、意外と整備されていない。これは職員のモチベーションの問題であるとも私は考えている。図書館が、自分のキャリアにとってあまりプラスになる職場ではないという意識は変えた方がいい。図書館で図書や情報と接して、それらを調べる経験をしたことは、将来の仕事に役立つ。これからの仕事はネットワークの中におかれるので、目の前の状況を追っていればそれですむということにはならない。住民もネットワークで調べて、いろいろなことを聞いてくるし、他と比較して不十分な点を

指摘してくる時代である。一般行政職も調査能力の高度化が必要になる。そのためには図書館はいいトレーニングの場となる)。

新任職員には、①方針・基準・マニュアルの読みあわせと解説、②マニュアルに記載された各種の質問類型別、テーマ別の調査方法に基づき、実際の問題を演習形式でやる、③カウンター・電話・電子メールでの質問の受付と調査・回答の演習、などが考えられる。②と③では基本を覚えてもらうことが狙いで、高度なことは要求しない。本書に書いたように、基礎をしっかり作れば、その上に積み重ねていくことは比較的容易にできる。最初につまずいてしまうと、その後の積み上げがうまくいかない。

全員参加する研修では、レファレンスブックや新しいインターネット情報源の紹介と検索方法、使い方などがある。また、3ヶ月に一度位の割合で事例研究を行う。

5-7-2. 事例研究の方法

事例研究は、大きく分けると2つある。それは、①他の図書館の事例の検討、②自館の事例である。

①他の図書館の事例の検討では、とりあげるべきものは、(あ)自館で質問の件数が多い分野の事例、(い)自館ではほとんど質問されることはないが、将来質問されるであろう分野の事例、である。

それぞれとりまとめ担当者が、まず、国立国会図書館の「レファレンス協同データベース」や他の図書館が公開しているレファレンス事例集の中から、適当なものを抽出して、研究会に参加する職員に割り当て、一定の期間、例えば2週間の間に自分なりに調べるようにしてもらう。

職員は、割り当てられた質問をよく読んで、自分なりに自館で調べてみる。調べた結果を記録して、配布する。研究会で報告して、全員で討論する。全員で討論すると担当者が気が付かなかったことも出てくる。またコレクションが不十分な部分に気がつけば、それを補充するようにする。

「(い)」は、質問があまりないために調べる訓練ができていない、またコレクションも十分でない可能性が高い。職員のトレーニングになると同時にコレクションの整備にも役立てることができるだろう。

②は、自分の館の事例を対象にするためにリスクが大きい。誰かがやった実例を検討するわけで、研究の対象になる事例を担当した職員の心中穏やかでない場合が多々ある。そのため、事例の選択に担当者は慎重にならざるを得ないし、研究会の席上でも発言をコントロールすることが必要となる。

自館の事例を研究する意義は、レファレンス質問・回答サービスの自己点検、自己評価の実施ということになる。これを担当者全員でやることになる。それが必要なのかどうかは、それぞれの現場の判断である。担当者及び職員の精神的な負担が大きいため、取り組みの事例は少ない。

自館の事例の研究は、数量的な分析を行い、調べ方など気がついた点の指摘、他の館の同じような質問の調査との比較などにとどめておくほうが無難だろう。

この他、自館の場合は回答ができなかった事例だけを取り上げて検討することも考えられる。これは、原因を究明することになる。しかし、自館だけで原因の究明は難しい。大規模な図書館に行って調べてみることなどが必要となる。

5-7-3. 調べ方案内などの作成

職場内研修では、事例研究の他に、ぜひ取り上げたいものとしてインターネット情報源の検索方法や調べ方案内の作り方、調べ学習・自由研究のテーマの図書館での調べ方、テーマ別書架図の作成などがある。

調べ方案内の作り方は、まず担当者が次のような指示を出す。

心理学などの学問分野と地球環境問題など時事的な問題、歴史的な事実、科学的なテーマなどそれぞれに違いがあることを意識させて、

　例えば、心理学など学問分野に関するものでは
　① テーマの設定

② 基本的な枠組・骨格
(a) テーマの意味・定義・枠組み　百科事典・大型国語辞典・新語辞典等及びテーマによっては専門事典を調べる。
(b) 調査方法の大枠
(あ) テーマに関する分類、件名と書架番号
(い) 学問研究の歴史、方法論、理論などを書いた基本文献・テキスト
(う) 先行研究の把握　図書・雑誌・雑誌論文・各種報告書等のOPACでの検索、出版情報の検索、雑誌記事索引の検索など
(え) 研究の素材・データ等の収集、及び各種調査・実験等　専門分野の図書やインターネット情報源の探索など

以上のような枠組みを示して作成・作業にあたらせる。
例えば、地球環境問題などの時事的なテーマでは
① テーマの設定
② 基本的な枠組・骨格
(a) テーマの意味・定義・枠組み　百科事典・大型国語辞典・新語辞典等及びテーマによっては専門事典やインターネット情報源も調べる。
(b) 調査方法の大枠
(あ) テーマに関する分類、件名と書架番号
(い) 問題の経過や考え方、政策、理論などを書いた基本文献・テキスト
(う) 先行研究・文献等の把握　図書・雑誌・雑誌論文・各種報告書等のOPACでの検索、出版情報の検索、雑誌記事索引の検索など。政策などは政府・地方自治体のサイトや文献の探索。新聞記事なども。
(え) 現状を把握するための統計・世論調査、研究機関のレポートなど　統計書、専門分野の図書やインターネット情報源の探索など

を示して、その線にそって考えて、さらにその分野の資料・情報の特性を組み込んで作るというように進めるとよい。テーマによっては他の図書館の事例を参考に示すとよい。

演習形式ですすめ、まとまったらプレゼンテーションして、館員の意見も求めて修正すると、調べ方案内の事例を増やすことができるというメリットがある。

調べ学習や自由研究のテーマは、学校の先生と連絡をとって、提供する図書・図鑑などのレベルを把握し、かつ学校での指導内容も聞いておく。

その上で、図書館としては、図書館の資料を使えるようにテーマごとに簡単な調べ方案内や書架図などを作る。これを用意しておけば実際に生徒が質問に来ても、一緒に書架の間を歩きながら的確に案内できるようになる。

5-7-4. 外部研修への参加

外部の研修会・講演会等への参加も必要である。毎年横浜で開かれる図書館総合展には必ず職員を派遣して最新の技術情報などを入手して、職場内で共有する必要がある。国立国会図書館のレファレンス協同データベース事業では、毎年、2,3度研修会を開くので、これにも参加するようにする。（国立国会図書館の「レファレンス協同データベース」に参加していない図書館はすぐに参加するようにしたい）

外部の研修としては、以上の他に、県図書館協会や文部科学省主催の地方別の研修会も開かれるので、これにも職員を派遣する。

任意団体として、ビジネス支援図書館協議会などの団体も研修会を開いている。これらは実践的な内容が多く、参考になるものが多い。

積極的に外部に派遣することで、他の図書館の実例を知ることができるし、人的な関係ができ新しい試みに取り組むときなどに参考情報を入手することができる、といったメリットがある。

5-8. 担当職員の専門性について

レファレンスサービスを担当する職員が、サービスのために身につけるものは、一般社会人が身につけるべき常識的なマナー、身だしな

インターネット時代のレファレンス

み、言葉遣いからはじまって、レファレンスブックやインターネット情報源の検索や活用方法、特定主題や事実に関する調査方法、地域の課題に対する理解など多岐にわたっている。これらの根底には大学までに身につけるべき教養がある。

本来、レファレンスサービスは専門職としての司書が担うべきものとされている。しかし、日本ではこの点が大変悩ましいところで、必ずしも現場ではそのようになっていない。大学への進学率が50％を超え、かなりの利用者が自分なりに調べることができるという状況では、図書館のレファレンスサービスが利用者の能力をはるかに超えた高度な内容であればともかく、必ずしもそうでない以上は、専門性が理論通りに認められる訳ではない。それに短大で司書の資格が習得できる現状では、基盤となる教養そのものが薄いということになりかねない。さらに、利用者の調査研究の支援をするには、学問的なレベルでの各種の調査研究の方法や理論にまである程度精通していなくてはならない。これは日本の高等教育では大学院レベルの学修が必要となる。こうしたことを考えるとますます理論的には難しい。（個人的には、司書がこれからの知識創発型社会で専門職として処遇されるためには、他の専門職と同じように大学院での学修を基礎とすべきだと考えている）

また、司書養成のカリキュラムも、図書館の資料・知識・情報と人を結びつける理論・方法等についてメニューが少なすぎる。さまざま場面でのさまざまな方法について具体的に学修しなくては、現場での創造的なサービスを担うということにはならない。（現場ではそれなりの試みが行われているので、それをメニューに取り入れて実践的な内容にすべきであろう）

ともあれ、現場の自治体で図書館司書として採用されているところでは、司書の職務内容を不断に修正・追加して、最新の内容とすることが必要である。それによって、図書館サービスの向上が可能となる。

また、司書職制度が確立していないところでも、確立に向けて職務内容を分析して、専門職としての司書の職務内容を明らかにし、担当範囲

を明確にすべきである。こうしたことを基礎にして司書の専門性を明確にし、外部に説明し住民の理解を得るように努力すべきであろう。

5-9. 図書館員が知っておくといい IT に関する知識と技術

5-9-1. 情報発信のツールとしての Web サイト

5-9-1-1. 図書館の Web サイトを作る

5-9-1-1-1. Web サイトの仕組みと作り方

　Web サイトはどのような仕組みで動いているかを、作成法を学ぶ前に理解しておきたい。

　Web ページは、マークアップ言語である HTML（Hyper Text Markup Language）や XHTML（Extensible HyperText Markup Language）等を用いて記述されている。これを Web ブラウザに読み込んで利用する。パソコンや携帯端末などハードウェアや OS は各種あるが、Web ブラウザを使用する限りハードウェアや OS の差を超えて同じ HTML を利用することが可能となる。

　XHTML は、HTML を XML に適合するように定義し直した Web ページ記述用のマークアップ言語で、ユーザーが独自に定義したタグを使用して Web ページに高度な機能を持たすことが可能となっている。タグ名がすべて小文字に統一される、XML ベースの他の言語（MathML や SVG など）による記述を埋め込める、必ず終了タグを書く必要があるなどの違いがある（XHTML は HTML の発展系であり、利用者がその違いを意識することはあまり考えられないため、以下では HTML で統一して記述する）。

HTML の詳細

　HTML は、タグと呼ばれる < > で囲まれた簡単な文字列で命令文を構成されている一種のプログラムである。従来は HTML エディタやワープロを用いて記述されていたが、最近では簡単な操作でページを作ることができる Web 作成ソフトなどを使用することが多い。

インターネット時代のレファレンス

簡単な HTML の例

　HTML ファイルを見てみよう。テキストエディタでファイルを開くか、代表的なブラウザである Internet Explorer であれば、メニューバーの＜表示＞-＜ソース＞の順にクリックしてみると、下記のような HTML ファイルの記述が表示される。

```
<HTML>                                      --- 以下が HTML 文であることを宣言
<TITLE> 図書館トップページ </TITLE>          --- タイトル（非表示部）
<body bgcolor="#FFFFFF" text="#000000">
                    --- ここから本文であることを宣言しフォントのカラーを指定
<div align="center"><b><font size="4"> インターネット時代のレファレンス
</font></b> </div>
                    --- テキスト本文とフォントサイズ、太文字、中央寄せを指定
<p align="left"> 図書館へようこそ !</p>
                                                        --- 左寄せを指定
</BODY>                                                 --- 本文終了宣言
</HTML>                                                 ---HTML 文終了宣言
```

　このようにタグは、<HTML> と </HTML>、<TITLE> と </TITLE> のように基本的に 2 個セットで用いられる。

　Web ページの表示は、来訪者の PC のブラウザと HTML ファイルの格納されている Web サーバとのやり取りで成立している。ブラウザは、Web サーバに対して必要な HTML ファイルを要求して、そのファイルと関連づけられた画像・動画等の依存ファイルを解釈して PC のディスプレイに再現するアプリケーションである。

　ここでやり取りされる HTML ファイルは、Web ページを作成者の PC 上で作成して Web サーバにアップロードされている場合と、Web サーバ上で直接生成されている場合とがある。後者を CMS（Content Management System）と呼び、身近で代表的な CMS を用いたサービスにはブログ（Blog）がある。CMS では Web 作成のための特別な知識・スキルはほとんど必要ではなくなり、優良なコンテンツを作成する能力の方に比重が置かれるようになってくる。

レファレンスサービスをさらに充実させるために

　下図は、Web ページを作成するパソコンと Web サーバ、閲覧するパソコンとのやりとりを模式化したものである。図の左側が Web 作成側、中央は HTML ファイル等の Web データを格納するサーバ、右側が Web を見に来る利用者側を表している。
　第 5-1 図は、従来からの Web 作成ソフトを使用する場合である。

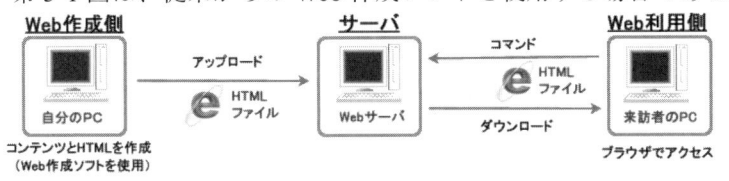

第 5-1 図　パソコンと web サーバの模式図 1

① 自分の PC で HTML ファイルとコンテンツを作成
② 作成したファイルを Web サーバにアップロード、必要に応じて転送したファイルの公開設定を行う。
③ Web サーバは HTML ファイルを格納し、閲覧要求に備える
④ 来訪者の PC のブラウザがサーバに HTML ファイルを要求（コマンド）
⑤ Web サーバは該当する HTML を検索して、HTML ファイルを来訪者の PC に転送（ダウンロード）
⑥ 転送された HTML ファイルをブラウザが解釈して、サーバに依存ファイル（画像、音声等）を要求
⑦ 必要なファイルがそろった時点で、ディスプレイ上に表示が完了

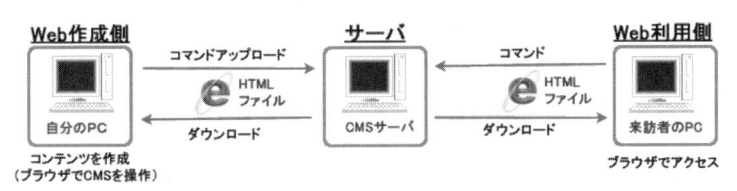

第 5-2 図　パソコンと web サーバの模式図 2

インターネット時代のレファレンス

　第5-2図はCMSを使用する場合である。
　① CMSを自分のPCのブラウザで呼び出す
　② メニュー画面であらかじめ作っておいたコンテンツを入力、保存して公開する
　＊以後は第5-1図の③～⑦と同じ
　サーバは、図書館や法人などの組織であればシステム管理部門、個人では契約しているインターネット接続業者（プロバイダー:ISP〈Internet Service Provider〉）等におかれている。Webサーバはブラウザから URL を指定されて送られたコマンドに応じて、HTML ファイルを引き渡したり、CGI スクリプトや Java Servlet（サーバ側で実行されるプログラム）等の Web ページ上の動的処理を実行する。同じマシンに CMS サーバやメールサーバ等、インターネット関連の他のプログラムも動いていることが多い。

5-9-1-2. 作成のワークフロー

　Webサイト作成の手順はどのようなものになるのであろうか。以下に、自分で作成する場合と外部に依頼する場合の共通するおおまかな手順を記す。
　① Webサイトを設計する（プランニングとコンセプトの決定）
　②テキスト、画像等のパーツの準備（コンテンツの作成）
　③ページの作成（パーツのHTML化、コーディング作業）
　④アップロードとテスト
　⑤サイトの公開と更新
　⑥評価、改良
　以下、順を追って説明しておきたい。

①コンセプトの決定とプランニング
　Webサイトを作る上でもっとも重要な作業は、コンセプトの決定とプランニングである。基本として図書館の目標、Web運営の目的にそったWebサイトを計画する。また、同時に予算や求める機能、

更新頻度を考えて、自館で作成するのか、外部の業者に外注するのか、委託する場合は全てなのか一部なのか等を検討する。

　HTMLで更新頻度の低いページ・固定的なページを作成し、頻繁に更新するページはCMSのテンプレートデザインを外注し、完成後の更新は自分たちで行う場合なども考えられる。

　次に閲覧者にとって楽しく有用な情報が得られるように、Webサイト全体の構成、配置を検討する。この際にユーザビリティとアクセシビリティには十分な配慮が必要である。また、Webサイトは常に新しい情報の提供を期待されるため、ページの更新が容易であるように工夫しておく。

②コンテンツを用意する

　Webサイトのコンテンツは、テキスト、画像、動画、音声、プログラム等およびリンクから構成されている。図書館スタッフで作成する場合でも可能な限り自作することが望ましいが、ホームページ素材集として各種市販品が販売されており、またWeb上に無料や有料で利用できる素材も公開されているので、これらを活用することもできる。ただし、フリーウェアやシェアウェアの利用に当たっては、利用規程を遵守する必要がある。

　画像はデジタルカメラを活用することが多くなってきているが、事前に撮りためておかないと同じ季節感の写真ばかりになりかねない。また、撮影にあたってはモデルを使用するなど、一般利用者の写り込みに十分注意する必要がある。余談になるが、写真にするとカウンターの後ろの棚などが思っている以上に乱雑になっていることに気づかされることがある。ディスプレイ上では目立たないので印刷する必要があるが、できれば確認しておきたい。

　外部に依頼する場合は、図書館の側でテキスト原稿や画像を準備するケースとライターやデザイナーに用意してもらうケースとがある。慎重な打ち合わせを行い、十分な資料を用意しておかないと、こちらの意志が正確に伝わらずに曖昧な表現や不十分な表現になることもあ

インターネット時代のレファレンス

るので注意が必要である。相手が日常的に図書館を利用しているとは限らず、図書館の理解が不十分な場合も考えておいた方がよい。デジタルカメラの画像にも高解像を要求される。レンズ交換式の一眼レフデジタルカメラも安価になってきているので、一台用意できると様々な面で活用でき便利である。

③ HTML 化（コーディング）

各ページ毎の文章・画像等ができあがったら、HTML ファイルに変換するコーディングと呼ばれる作業を行い、ページのデザインを完成させる。最近の Web 作成ソフトでは、ワープロと同じような感覚で作成できタグを意識する必要はない。対話形式で初心者向けフォームに文章や用意された画像を指定するだけの簡易作成機能も用意されている。慣れてくれば、②と③を同時に行っても支障はない。

CMS ではデザイン的な自由度は制限され、一般的には事前に用意したテンプレートによって各ページのデザインが決まる。全体のイメージを壊さない範囲で複数のテンプレートを用意し、ページの性格に合わせて使い分けられると大変に便利である。

④ファイルをサーバに転送し、テストする

完成した HTML ファイルを Web サーバ上に用意されたスペースに FTP（File Transfer Protocol）ソフトを使って転送する。ホームページ作成ソフトまかせで、意識せずに行う場合もある。

転送後は必ず動作確認を行う。全体のデザインの統一、ページ間のリンク、CGI 等のプログラムの動作など、確認すべき点は多い。また、閲覧者の探索行動にマッチしているかどうか、慎重に確認する必要がある。特に、TOP ページ以外の下位のページから閲覧をはじめた場合にも最短の経路で必要な情報にたどり着けるかは、公開後も閲覧者の行動を予想し、繰り返し評価しておく必要がある。

また、Web ページの見え方は PC 環境によって変わるので、別の PC やブラウザから確認する事も忘れてはならない。

⑤ホームページの公開・更新

　無事に公開できたとしても、それだけで閲覧者が満足してくれる訳ではない。利用者が楽しめるコンテンツや必要とする情報を提供し続けなければならない。公開後は、常に新しい情報を追加し、特にインターネットの特色の一つでもあるインタラクティブ性（双方向性）を生かす努力を払う必要がある。固定的なファンの獲得や図書館への理解を深めてもらうために、館員のブログをメニューに備える例も多く見られる。これまでは１人の館員によるブログの場合が多かったが、複数の館員による記名式も顔の見える図書館員の実現という意味で検討に値する。

⑥ 評価と改良

　公開すると通常の運営と同時に評価作業がはじまる。利用者は事前にこちらの意図した行動を取っているのか、Webサイトの構造やナビゲーションは適切なのか、そもそも利用者のリクエストと提供している情報は一致しているのかなど評価すべき点は多い。

　日常的な観察で評価できるもの、ある時期に一斉に行う評価など様々な結果をWebサイトに反映していく必要がある。外部に委託して作成したサイトであっても簡単な改良であれば更新作業と同時に自分たちで行うことが可能である。大きく変えなければならない場合、あるいは自分たちで行うことが不可能な場合は再び委託することになる。そのための費用を事前に見込み、該当年度の予算に組み込んでおく必要がある。

5-9-1-3. 作成の体制

　自館で作成する、あるいは外注するケースのどちらにせよ、下記のような役割を担当する人材が必要となる（④は不要の場合もある）。それぞれの役割を兼ねる、あるいは全てを一人で行うことも可能である。

① プロデューサー / ディレクター

　全体や各部門の総責任者として指揮・監督をおこう。管理職があた

る場合もあるし、スキルのある実務者が担当する場合も考えられる。
②**ライター**
　各ページのタイトルや本文の執筆を行う。Webページでの読みやすい文章は印刷物と異なるため、必要な能力と経験を持っていることが望ましい。また、正確で理解しやすい表現のためには、図書館を良く理解していることが必要となる。
③**デザイナー**
　Webサイト全体のデザインや各ページで使用するイラストやアイコン、写真・動画などの視覚的な作成を行う。場合によっては同じ人物が⑤のコーダーを兼ねる事もある。
④**システムエンジニア（SE）**
　コンピュータシステムの調整、データベースやCGIなどプログラムを必要とする動的なコンテンツの作成を担当する。必要に応じてプログラマーの管理を行う。
⑤**コーダー**
　HTMLやCSSを担当し、各担当から受け取った材料を最終的にWebの形に仕上げる。

　自館で作成する場合には、各部門ごとにページを割り当てて作業することが多いが、その場合でも必要な作業に変わりはない。
　具体的には、プロデューサー役の職員がプロジェクト全体を管理し、各部門の担当者にディレクターと②と③のみを担当させる場合と、⑤も担当させてHTMLファイルを作成させる場合がある。作成を開始する時点で各人にどの程度のスキルがあるのか、スキルの養成に時間とコストをどこまでかけられるのか等によって、任せられる作業は変わってくる。いずれにせよ、Webサイト完成後は、Webのワーキンググループとして更新作業にあたることが予想されるため、可能な限りのスキルアップ・研修を計画しておきたい。
　図書館の各部門で実施しているサービスや業務に関する深い理解が必要となるため、Webサイト作成のプロジェクトには、アドバイ

ザー的な立場でも良いので各部門から最低一人は参加することが望ましい。

5-9-1-4．著作権について

　Webサイト・ページのデザインが著作物であることは言うまでもなく、各コンテンツに使用するテキストや画像、動画、音声、各プログラムに至るまで著作権には十分な配慮が必要である。Webの場合はいわゆる公衆送信権や自動送信権といわれるネットワーク固有の権利も絡んでくるため、著作権と狭く考えるよりも、広く知的財産権ととらえ意識しておくことが望ましい。過去に自分たちの組織で作成した出版物であっても、これをインターネットに公開するさいには、許諾を得ることが必要となる場合も多いので注意が必要である。

　著作権フリーのコンテンツでも、商用利用を制限している場合がある。図書館は公共性が高いからといっても無断で使用できるとは限らない。利用規程で明記されていない限りは、確認を欠かさない慎重な態度が望ましい。

　逆に図書館のWebのコンテンツにも権利が発生していることも忘れないようにしたい。図書館はこれまで個人情報やプライバシーの侵害などに注意を払ってきたが、情報をインターネットへ公開し、デジタル化したことによる影響や被害が大きくなることを考えると、これまで以上に配慮する必要がある。

5-9-2．管理・更新体制

5-9-2-1．コンテンツ等の更新

　まずHTMLファイルの管理については、HTMLで作成した場合とCMSで作成させた場合の管理に分けて説明する。

　Web作成ソフト等を使い、HTMLを直接更新するとなると最低限のHTMLの知識が必要となる。最近のホームページ作成ソフトの操作は驚くほど簡単になっているが、それでも一定の学習と経験は必要

とされる。デザイン面での細かな修正の場合は、HTMLの記述そのものを直接に編集した方が効率が良いこともある。

　また、特に業者に作成させたページを自館で更新する場合に発生しがちなことだが、両ページ間に明らかなレベルの差が生まれることにも気をつけたい。そのような玄人の作ったスマートなページと素人のもっさりとしたページが混在したWebサイトを見た経験のある方も多いことであろう。後日に利用できるようにテンプレートのページ等を用意しても、所詮テンプレート内のデザインは素人が行うため、必ずしも十分な効果があるとは言えない。更新のたびに外部に委託できるようなサポート契約を結べれば、このような問題は発生しないが、さほど恵まれていないのが現状であろう。

　CMSを利用する場合は、デザインの自由がきかない分、テンプレートのイメージから大きく外れることはない。むしろコンテンツの文体や写真などの統一感に気を配るべきである。オリジナルのテンプレートの作成も可能なので、必要な場合は対処できる。ただし、CMSのテンプレートは、簡単な変更であっても意外と難しく、レイアウトが崩れやすいナーバスな面も持っているので、個人が安易に請け負うことは避けたい。スキルの過信は要注意である。

　CMSは更新にあたって高度なスキルを必要としないため、一般の館員が担当することが可能である。部門ごとに更新担当を置くことも容易であるし、配置転換等にも柔軟に対応できる。コーディングに使っていた労力をコンテンツの充実に回すことも可能と考えて情報の充実を心がけてほしい。

　どちらの場合においても、言葉の表現や個人情報・プライバシー、内容の適・不適などに注意する必要がある。日常の作業を容易にし、トラブルを避けるためにもコンテンツ作成マニュアルを整備する必要がある。

5-9-2-2. サーバマシンの管理

　サーバの管理としては、ハードウェアとソフトウェアに分けて考え

られる。

　ハードウェアの管理では、まず故障対策としてサーバマシンや記憶装置（HDD）の多重化、外部メディアによる自動バックアップ、UPS（Uninterruptible Power Supply）＝無停電電源装置の導入やネットワークの保守を重視することが挙げられる。

　ハードウェアについては、保守契約の内容に注意を払う必要もある。贅沢な出費と考えずに十分な手配が必要である。

　ソフトウェアの管理では、OSやWebサービスなどのアプリケーションの維持、データベースの維持、セキュリティーの管理、バージョンアップ・修正ファイルの更新などが主である。もちろんウィルスやスパイウェア、ハッカーの侵入に対処するために重要な処置である。多くは専門的スキルを必要とするため、十分なスキルを持ったシステム担当職員を用意するか、外部に管理を委託することになる。近年では、最低限の管理を図書館側で行い、それを超えるものはメーカーや専門業者のオンラインサポート（オンラインで手に負えなければ担当者が来館する）にゆだねる事例や、地域の公共・教育機関でハードウェアとソフトウェア、管理を共有する事例が増えてきている。

5-9-3. 快適なWebサイトのために

5-9-3-1. 必要な情報と不必要な情報

　更新すべき情報は何かを慎重に検討する必要がある。「必要とされている情報ではなく、提供しやすい情報を提供してしまう」ことがないように注意する。時間や業務に追われて、とりあえずページをアップすることもあり、ひどい例では過去の印刷物をスキャンしただけのページで済ませてしまう事もある。

　担当する図書館員は、利用者がWebサイトに何を期待して来訪するのか、的確に把握しているだろうか。それは人によって異なるだけでなく、同じ利用者であっても初めて来た時と常連になってからでは全く異なるだろう。Webサイトの評価のフィードバックだけでなく、図書館利用者全体が何を期待しているのか、図書館や図書館のWeb

をどう利用しようとしているのかを十分に見極める必要がある。

5-9-3-2. Web ユニバーサルデザイン

　誰でも使え、かつ使いやすいことが理想的な Web サイトであることは異論の余地がない。

　最新の Web 技術の導入や新奇なデザイン、膨大なデータ量をもつ Web サイトを作ったとしても、「何のサイトか分からない」、「どこに必要な情報があるのか分からない」、「見づらくて目が疲れる」など、苦情の声があげられるならば、成功しているとは言えない。

　また、近年では障害者の社会参加が進んでおり、Web サイトのバリアフリー化も求められるようになっている。図書館のような公共サービス機関では、積極的な対応が求められる。

　Web ユニバーサルデザイン（Web Universal Design）は、誰でも公平に、簡単に、身体的・精神的な負担を感じることなく、必要な情報がすばやく見つかるようなホームページのデザインをいう。従来のユーザビリティ（Usability）とアクセシビリティ（Accessibility）の両方を含んだ概念であり、公共性の高い Web サイトを作る際は、特に重視した方がよい。ユーザビリティはいかに気持ちよく、すばやく情報にたどり着けるかという「使いやすさ」「利便性」を追求していて、アクセシビリティはどのような来訪者であってもホームページを利用することができるという「利用可能性」を追求している。その両方を同時に満足させるためには、Web ユニバーサルデザインについての十分な理解が必要である。

5-9-3-3. アクセシビリティ

　障害を持つ人々が学習や情報の入手をしようとする際に、健常者よりも積極的にインターネットを活用している実態が、ようやく日本でも理解されるようになってきた。米国などでは以前より、障害者が社会参加のために情報技術を利用することが奨励されている。画面読み上げソフトを使ってソフト開発などの仕事をする視覚障害者や、自分

にあった入力・操作方法でインターネットを使う肢体不自由者も増えてきている。

日本では、通称ウェブコンテンツ JIS とよばれる「X 8341-3 高齢者・障害者等配慮設計指針 - 情報通信における機器ソフトウェア及びサービス 第 3 部：ウェブコンテンツ」が 2004 年 6 月に発行され、中央官庁、自治体はホームページの制作・運営にあたって尊重が求められている。

最近のホームページ作成ソフトを使用して作った場合は、基本的なアクセシビリティを確保できるような機能をそなえており、出来上がったファイルを保存する際に自動でアクセシビリティ・チェックを行う製品もある。また、できあがったページのアクセシビリティ度をチェックする機能をもつ製品は多い。

最低限のポイント
① 画像には ALT 属性を付けること
② リンクボタンになっている画像の全てに ALT 属性を使ってリンク先を明確にすること。
③ 日本語のページでは外国語の乱用はせず、誰にでも分かるように配慮すること
④ 色によって情報を伝えている場合は、色がなくても情報が伝わるようにすること
⑤ head に付ける <title> は内容が解るように適切なタイトルを付けること
⑥ レイアウトのテーブルは、情報が適切に音声ブラウザで読み上げられること

5-9-3-4. ユーザビリティ

Web サイトのユーザビリティについてはアメリカの J. ニールセンの著書『ウェブ・ユーザビリティ：顧客を逃さないサイトづくりの秘訣』（篠原稔和監訳、エムディーエヌコーポレーション、2000）に詳しく紹介されている。同氏は「まず見る人がどんな情報を欲しがって

いるかを考えて見ること」と語っているが、図書館のWebサイトも全く同じである。その意味で、ユーザビリティの第一歩としてのコンセプトの決定が重要なのである。
　まず、ユーザビリティ実現のための工夫をいくつか挙げてみる。
・ホームページの目的が明確に伝わること
　TOPまたはIndexページなど来訪者が最初に見るであろうページで、何のためのWebサイトなのか、どんな情報があるのか、誰を対象としているのかなど全体の概要を把握しやすくする。また、どのようなサブページが、どのような分類や構造で配置されているのかなどが把握できると情報にたどり着きやすくなる。
・統一されたデザインやページ構成
　トップページや各サブページのデザインが統一されているとナビゲーションが効果的になり、各ページの特色が明瞭になる。
・情報の適切な配置
　Webサイトの構造やナビゲーションを工夫し、利用者が求めている情報が予想した位置にあるようにする。
・操作が直感的で、予想を裏切らないこと
　次にどのような操作をすれば、望む結果が得られるのか直感的に理解できるようにし、操作後に予想通りの反応がおこること。予想もしなかった様な反応が起こったり、期待と異なる情報が返ってきたりすると、利用者は大変なとまどいを覚えることになる。

5-9-4. Webの活用
5-9-4-1. 発信する情報

　おもなメニューとして次のようなものが考えられる。

Top/Indexページ
　Webサイトの入り口。全体のイメージだけを伝えるページを特にTopページと呼ぶ。最近ではFlashアニメーションなどを配置することが多いが、図書館では配置しない場合も多くみられる。

メニュー機能(ナビゲーション)を持った最初のページを Index ページと呼ぶ。特にユニバーサルデザインに配慮した機能・デザインにする必要が高い。

利用案内系
図書館利用案内、館内案内図、交通案内、近隣の図書館の案内、開館カレンダー（一般・臨時）

最新情報系（What's New）
新着雑誌、新着資料（図書・雑誌以外）、図書館からのお知らせ、行事・イベントの案内

情報検索・提供系
OPAC、情報検索、オンラインジャーナル、オンラインデータベース、電子図書館的サービス（デジタルコンテンツ）、リンク集

レファレンス系
レファレンス受付、FAQ（良くある事例の紹介）、購入依頼受付、他館利用案内・受付、情報検索・図書館利用ガイダンス（調べ方案内）及び自習用プログラム、住民が関心を持っている時事的なテーマに関する情報源の紹介

コミュニケーション系
ブログ、Twitter（ツイッター）、BBS、スタッフ紹介、図書館応援団

5-9-4-2. Web と広報

図書館の Web の目的としては（目的を何にするかでも変わってくるが）、一般的には広報と図書館・利用案内、OPAC を含む情報検索のポータルサイト（入り口）、レファレンスが挙げられる。これらは従来から様々な方法で行ってきたサービスの手段を Web にも拡張し利便性を向上させたものと言える。

一方で電子図書館的サービスは、図書館資料の利用を来館以外に大きく広げたものである。貴重資料への利用などは、これまでとは次元が異なるほどの進歩である。

最近では、これに日記様のブログを加える事例も増えてきている。

ブログの効果は、館員の顔の見える親しみやすい図書館、イメージアップ、広報効果の拡大、図書館利用のゆるやかな教育等が期待できる。
　注意点をあげると、日常的な開館案内と蔵書点検のような大きな変更は掲示してあるが、臨時の閉館や短縮などは発信しないなど、細やかさに欠けることがある。館内にはワープロで作ったお知らせを貼っているにも関わらずである。このような場合に CMS でお知らせを出せるようになっていると機動性が高く大変便利である。Web での情報提供は速報性が強みの一つであり、可能な限りその特性を活用する方向で工夫していくべきである。

5-9-4-3．SDI サービス

SDI サービスとは

　最近になって流行しはじめている SDI（Selective Dissemination of Information）とは、利用者の希望するテーマの最新文献情報を定期的に検索して e メール等で配信する予約型の情報提供サービスの一種で、新着情報速報サービスや新着図書お知らせサービス等とも呼ばれている。いくつかのあらかじめ用意されているテーマから選べるタイプと詳細なカスタマイズが可能なタイプがあるが、図書館で提供できるのはおもにテーマを限定している前者である。大学図書館が先行してサービスを展開したが、公共図書館にも広がりを見せており、地域支援、ビジネス支援、研究支援としての効果が期待されている。せっかく配信しても利用者側の迷惑メール設定に抵触してメールが届かないなどのトラブルや、著作権上の問題、個人と法人のサービスの切り分けなど解決していかなければならない課題も多いが、能動的で効率の良いレファレンスサービスとして注目されている。

千代田区立図書館の事例

　千代田区立図書館では新着図書やイベント、セミナー情報などがメールで届く SDI サービス「ちよぴたメール」を 2008 年 8 月より実施している。

事前に登録しておいた項目の関連図書やイベント情報などが、図書館から随時メールで届き、メールの図書情報から図書予約画面にリンクができる。

登録可能な項目としては、①ビジネス、地域、行政、出版・ジャーナリズムの4分類からなるオススメ分類 ②日本十進分類 ③キーワード入力 ④イベント・セミナー情報 以上の4項目から選択できる。

5-9-4-4. インターネット上でのレファレンス

5-9-4-4-1. 電子メールによる受付

レファレンスをメールやWeb上から受付けるサービスも行われている。時間や距離などに制限されず、レファレンスの手続きだけでスピーディーに行う事が可能となる。利用経験の少ない利用者にとって敷居の高かった、カウンターで勇気を振り絞ってレファレンスを申し込む必要が無くなったのである。

個人の識別やセキュリティーの確保など未だ解決途上の問題も散見されるが、様々な利用者に対し多様なシチュエーションにおいて利便性が見込まれ、レファレンスサービスの新たな地平を開いている。

ただし個人情報の管理には細心の注意が必要である。ノートPCやUSBメモリーに記録したまま持ち帰ったりしていないか、Webサーバ上にセキュリティの低いまま記録してはないか、業務に使用しているPCがウィルス等に感染して情報流失事故を起こさないかなど十分な注意を払わないと、紙ベースで業務を行っていた頃に比べて大きな影響や被害をもたらす可能性がある。あるいは、ちょっとした操作ミスでまったく違うメールアドレスに連絡してしまうなど、影響が小さくて済んだとしても決して見過ごせない。

5-9-4-4-2. レファレンス事例集

複数の図書館のWebサイトにはレファレンス事例集が掲載されている。大阪府立中之島図書館のようにデータベース化されて検索が可能となっているものもある。これは、良くある事例を紹介し、レファ

レンス業務の簡素化を図っているだけではなく、様々な事例を参考にすることにより利用者本人が調査する事への関心を高め、調査能力が向上することを期待できる。事例の蓄積、掲載する事例の選別などの作業が必要であるが、多くの図書館で積極的に導入が望まれる。

5-9-4-5. オンラインデータベースの利用

5-9-4-5-1. 図書館とオンラインデータベース

　図書館で利用者に提供しているデータベースは、新聞記事検索、雑誌と論文検索、ビジネス情報、各国・都市の情報、法律・法令・判例、人物情報、百科事典、音楽・美術、漢籍など多種に及んでいる。有料のデータベースについては、ほぼ館内利用に限られているが、無料のもので Web サイト上から利用しやすいものを活用する例が増えてきている。

　これまで「便利な外部サイトのリンク集」などにまとめて掲載されてきていたが、レファレンス系のメニューに移動させて、検索の案内などと共に掲載して、積極的な活用を試みている。国立国会図書館の Web 上のオンラインサービス一覧のページが、大変参考となるのでぜひ一度見ておくとよい。

5-9-4-5-2. 有料のデータベースの利用制限

　有料のオンラインデータベースについては、ID とパスワードによりログインを制限、利用できる端末を MAC アドレス（機種固有番号）により制限、利用できる端末を LAN（IP アドレス）ごとに制限、同時にログインできる端末数を制限など様々な方法がある。そのいずれを利用するかは図書館やデータベースにより一様ではないが、契約の遵守を心がけたい。

5-9-4-6. 電子書籍の利用

5-9-4-6-1. 電子書籍の貸出

　個人での電子図書の利用がはじまってかなりの年月が経つ、CD-

BOOK と呼ばれる電子メディアを購入するタイプが一時期もてはやされたが、さほどの広まりは見せなかった。

最近になって、インターネットからデータをダウンロードして利用するタイプの電子図書が大きな流行を見せている。

図書館では、貸出という概念との兼ね合いを、電子図書のデータに「利用可能な期間」を設定し、貸出期間を過ぎると自動的に利用できなくすることで解決している。

千代田 Web 図書館の事例

千代田区立図書館では、千代田 Web 図書館においてインターネットを通じて電子図書の貸出・返却を可能としたサービスを実施し、約3000 のコンテンツを提供している。ただし、専用の閲覧用アプリケーションをパソコンにインストールし、利用者の ID、パスワードを申請する必要がある。一般の利用者にとっては、単に便利になっただけかもしれないが、視覚に障害を持つ利用者にとっては、文字の拡大表示や音声による読み上げなど恩恵が大きい。

5-9-4-6-2. 次世代図書「オーディオブック」

書籍の内容を朗読し、効果音や音楽などを加えたものである。ラジオドラマをイメージすると理解しやすい。コンテンツの配信が始まりアメリカなどでは 2006 年頃より新しい文化として市民権を得ている。最大規模の音楽・動画配信サービスである「iTunes」でもオーディオブックの販売が人気を博している。

会員制図書館としての機能も持つ六本木ライブラリーでは、2008年 8 月よりオーディオブックポータルサイト「"FeBe"」の会員向けの無償提供を開始している。ダウンロードしたデータは、iPod、スマートフォンなどの MP3 ファイルを再生できる端末であれば、機種の制限を受けずに利用できる。

公共図書館での利用は千代田 Web 図書館の事例などはじまったばかりであるが、新しいメディアとしてのオーディオブックの今後が注

目される。

5-9-5. 書誌情報、メタ情報の記載方法

　ここではインターネットから入手した学術論文やページの記載の方法を紹介しておく。

　記述は「SIST（科学技術情報流通技術基準）の参照文献の書き方 SIST 02-2007」（独立行政法人科学技術振興機構（JST）、2007年（平成19年）3月改訂）による。見出し番号などは、そのまま、文献の例示等は日本語文献のみとした。

　5.1 雑誌
　5.1.1 通常の1記事
　　著者名．論文名．誌名．出版年, 巻数, 号数, はじめのページ - おわりのページ, ISSN．（言語の表示），（媒体表示），入手先，（入手日付）．
　　・電子雑誌などで, ページのない場合は, 記事番号等を記述する。
　例6. 入手先としてURLを記述
　　下山昌彦．セキュリティスキャナを用いた偽札の新しい検査手法の開発．CICSJ Bulletin. 2005, vol.23, no. 3, p. 95-98. http://www.jstage.jst.go.jp/article/cicsj/ 23/3/23_95/_article/-char/ja/,（参照 2006-03-07）．
　5.1.2 特集記事中の1記事
　　著者名．特集標題：論文名．誌名．出版年, 巻数, 号数, はじめのページ - おわりのページ, ISSN．（言語の表示），（媒体表示），入手先，（入手日付）．
　例3. 入手先にURLを記述
　　中島震, 玉井哲雄．特集，ソフトウェア工学の基礎：EJBコンポーネントアーキテクチャのSPINによる振舞い．コンピュータソフトウェア．2002, vol. 19, no. 2, p. 82-98.
　　　http://www.jstage.jst.go.jp/article/jssst/19/2/82/_pdf/-char/ja/,（参照 2006-02-13）．

5.2 図書
5.2.1 図書1冊
　著者名.書名.版表示,出版地,出版者,出版年,総ページ数,（シリーズ名,シリーズ番号）,ISBN.（言語の表示）,（媒体表示）,入手先,（入手日付）.
　例5.出版者（＝著者名）を省略,入手先にURLを記述
　内閣府編.交通安全白書.平成17年版,2005. http://www8.cao.go.jp/koutu/taisaku/index-t.html,（参照2006-03-07）.
　例6.出版者（＝著者名）を省略,シリーズを記述,入手先にURLを記述
　農林水産省農林水産技術会議事務局編.レタスの土壌伝染性病害発生抑制技術の開発.2004, 109p.,（研究成果, 425）. http://rms2.agsearch.agropedia.affrc.go.jp/contents/JASI/seika.html,（参照2006-04-14）.
5.2.2 図書の1章又は一部
　著者名."章の見出し".書名.編者名.版表示,出版地,出版者,出版年,はじめのページ-おわりのページ,（シリーズ名,シリーズ番号）,ISBN.（言語の表示）,（媒体表示）,入手先,（入手日付）.
　例3.入手先としてウェブサイトの名称とそのURLを記述
　伏見康治."記述的統計学".確率論及統計論.河出書房, 1942.入手先,統計科学のための電子図書システムのウェブページ, http://www.sci.kagoshima-u.ac.jp/%7Eebsa/,（参照2006-05-19）.
5.2.3 論文集の1論文
　著者名."論文名".書名.編者名.出版地,出版者,出版年,はじめのページ-おわりのページ,（シリーズ名,シリーズ番号）,ISBN.（言語の表示）,（媒体表示）,入手先,（入手日付）.
　・電子文献については「5.2.2 図書の1章または一部」の例に準ずる。
　例；略

5.4 学位論文

著者名.論文名.出版地,大学名,学位授与年,総ページ数,学位請求論文の種類.(言語の表示),(媒体表示),入手先,(入手日付).

例3.博士論文,入手先としてサイト名とURLを記述

竹内敬亮.3次元空間における任意視点画像生成のための光線情報取得に関する研究.東京大学,2001, 141p.博士論文.入手先,東京大学学術機関リポジトリ,http://repository.dl.itc.u-tokyo.ac.jp/dspace/bitstream/2261/79/1/116071.pdf,(参照 2006-05-24).

5.10 ウェブサイト,ウェブページ,ブログ

著者名."ウェブページの題名".ウェブサイトの名称.更新日付.(言語の表示),(媒体表示),入手先,(入手日付).

・ブログの場合はブログ名と更新日付をいれることが好ましい。

例1.ウェブサイト「J-STORE」に掲載された記事

坂本和夫編."パルスレーザーアブレーションにおけるドロップレットフリー薄膜の作製技術".J-STORE. 2005-11-01. http://jstore.jst.go.jp/cgi-bin/techeye/detail.cgi?techeye_id=32,(参照 2006-06-23).

例3.ブログ「オープンアクセスジャパン」の記事,著者名(smine)はハンドルネーム,更新日付を記述

smine. "Wellcome Trust, Blackwell/OUP/Springerと助成研究の即時オープンアクセス提供を契約".オープンアクセスジャパン. 2005-12-15.

http://www.openaccessjapan.com/archives/2005/12/wellcome_trustb.html,(参照 2006-05-31).

なお,新聞記事などのWeb上のニュースの場合は,著者名がある場合は,著者名(ない場合は、無視)."記事のタイトル、年月日(時間が書いてあるものは時間も)".ウェブサイトの名称.(言語の表示),(媒体表示),入手先,(入手日付).の順である。

5.11 メーリングリスト,電子掲示板

　　　　発信者名."題名".メーリングリストの名称.更新日付.（言
　　　　語の表示）,（媒体表示）,入手先,（入手日付）.

　次は、インターネットで検索した結果を保存して、さらにPDFファイルなどから文字や画像を抽出したり、切り貼りしたりする技術についてである。

5-9-6. 検索結果のデータの保存方法―インターネットで検索した結果を保存する方法を身につけておこう

　仕事を進める上での最小限のダウンロードの技術を紹介しておこう。
　インターネット上の情報をディスクに保存する方法を、どのようなときに使うかというと、
①電子メールでの質問に対する回答を書くときに。
　　例；インターネット情報源の検索結果の情報のうち必要な部分を
　　　　コピー・アンド・ペーストして活用するときに。
②特定テーマに関する文献やインターネット情報源のリストを作るときに。
　古書店の目録はPDFファイルで提供されているものがある。ここから特定の書誌情報を選んで貼り付けることがある。
③サイト等を紹介するときに。
　　例；都立中央図書館が作成している「ニュースレファレンス」や
　　　　SDIサービスの配信記事を作成するときに。

5-9-6-1. 画面をまるごと保存する

(1) インターネットのページをそのまま保存する
　（最近は著作権などの関係もあって保存できないページが多くなったが、知っておく必要がある。なおブラウザによってはこうした機能が十分でないものもある）。ここではInternet Explorerを使って作業をすることを想定して紹介する。
　保存する画面を表示させた状態で、「ファイル」をクリック、「名前

を付けて保存」をクリックして(以下、クリックして進むところを「→」で示すことにする)、保存のボックス画面→「保存する場所」を指定して、「ファイル名」を記入して、「ファイルの種類」を「Webページ、完全」であることを確認して→「保存」をクリック。
(2)「Webアーカイブ単一ファイル」で保存する
　保存する画面を表示させた状態で、「ファイル」→「名前を付けて保存」→ 保存のボックス画面 →「保存する場所」を指定して、「ファイル名」を記入して、「ファイルの種類」を「Webアーカイブ、単一ファイル」であることを確認して→「保存」をクリック。
(3) テキストファイルで保存する (保存できるのは文字だけ)
　保存する画面を表示させた状態で、「ファイル」→「名前を付けて保存」→ 保存のボックス画面 →「保存する場所」を指定して、「ファイル名」を記入して、「ファイルの種類」を「テキストファイル」であることを確認して→「保存」をクリック。
　HTMLで保存する場合も上記と同じで「ファイルの種類」を「HTML」にすればよい。
　(補) 上記でうまく保存できないときは、ワープロに全部保存するようにする。次のように操作する。
　　①画面を表示した状態で、「編集」→「すべて選択」→「編集」→「コピー」(右クリックで同じ操作をしてもいい)
　　②ワードを起動する →「編集」→「貼り付け」しばらく待つと画面に罫線などが表示された状態で保存できる。ただし形や場所はHTMLの画面とは大分違っている。データはほぼ保存できている。

5-9-6-2. 画像を保存する

　図書館の仕事で画像だけを保存することはめったにないが、ときに必要なときもあるので、覚えておこう。文字列が画像で表示されていることもあるので、そのときは素早く画像で保存して、あとで文字列だけワープロに入力するか、画像文字列抽出ソフトでテキストデータ

として抽出するとよい。

操作は、画像（写真）の上にマウスポインタをのせて →「右クリック」→ プルダウンメニューの中から「名前を付けて画像を保存」を選ぶ → ファイル名を付ける → ディスクに保存する。

5-9-6-3. アドレス（URL）を保存する

「5-9-6-1」でページを全部保存できたとしても、URL は保存できない。URL は電子メールの回答ではページ名とともに記載する必要がある。Word などに保存しておかなくてはならない。Word などに URL を保存したら、必ずページのタイトルなども書いておくといい。

①アドレスを表示した URL のテキストボックスにマウスポイントを入れて左クリック → 文字列に水色の網がかかる →「編集」→「コピー」(右クリックしてプルダウンメニューの中から「コピー」を選んでもいい)

② Word などを起動する（すでに起動している場合は、タスクバーにある「Word」のボタンをクリックして、Word の画面を前に出す） →「編集」→「貼り付け」→ 文字列が Word の画面に表示される。

③サイト（ページ）の作成者、サイト（ページ）の名称、年月日時間を記入する。

④タイトル名をつけて保存する。

5-9-6-4.「PDF」ファイルを表示させて保存する

PDF ファイルは、日本政府が文書を作成、閲覧するソフトとして採用したために、多くのサイトで利用されている。文献目録なども PDF ファイルで作られたものは少なくない。そこから一部のデータを抽出するときは以下の操作で行う。ただし、著作権者が制限を加えているファイルからは抽出できない。その場合は、手で入力する。なお、以下の操作は、インターネットで無料で提供されているソフトを使った操作である。(製品版を使うとよりきめ細かな操作ができる)。当然、以下の操作を行う場合は、コンピュータの中に「Acrobat Reader」が

インターネット時代のレファレンス

インストールされていなければならない。
　①PDFファイルを画面に表示して → Acrobat Readerの画面の左上のフロッピーのアイコンをクリックする（PDFファイルは、ファイルを示すアイコン等をクリックすると、プラグインソフトのAcrobat Readerが自動的に起動してPDFファイルを表示するようになっている。一番外にブラウザソフトのメニューが表示されている。ファイル、編集などである。これはPDFファイルを保存等する場合はさわらない）→ 保存する場所を指定する → ファイルのタイトルを入力する（デフォルトでPDFファイルのもともとのファイル名が表示されるが、これではあとで分からなくなる。これで保存してもあとで文書のタイトルで保存しておくようにする）→「保存」これで保存できた。

5-9-6-4-1. 保存したファイルから文字を抽出する

　①PDFファイルを表示 ⇒「編集」→「すべて選択」→「編集」→「コピー」
　②ワープロを起動 ⇒「編集」→「貼り付け」
　③文字列が貼りつく。修正は、ワープロの通常の操作で行える。

5-9-6-4-2. 画像だけ切り取って保存する

　①PDFファイルを表示 ⇒ カメラのアイコンをクリック → マウスを画面に入れると「+」の形になるので、適当なところで左上を押さえて、ドラッグ
　②ワープロを起動 ⇒「編集」→「貼り付け」
　③画像が貼りつく。修正は、ワープロ等の通常の操作で行える。

5-9-6-5. 統計情報を保存する

　レファレンスサービスでは、統計に関する質問が少なくない。統計をコンピュータの画面に表示したままで、読み取ることもできるが、図書館としては複数の同様の統計表がある場合、ともに利用者に提示

する必要がある。その前に図書館員が複数の統計表をディスクに保存しておいて、比較検討する必要がある。そのためにも保存する方法は身につけておかなくてはならない。ここでは、総務省統計局のサイトにある「世界の統計」の統計表を例に、操作方法を紹介する。

　総務省統計局のHPを表示する⇒「世界の統計」→目次から統計表のリストに進んで、ひとつ選ぶ→バーをクリック→統計法を表示して該当のものであることを確認して、ファイルをクリック→ファイル名をつける（この場合、「統計表タイトル　世界の統計○年版」とするとよい）→保存

5-9-6-6. インターネット上の一部の情報をワープロに取り込む

(1) 文字列の一部をワープロに取り込む。
　ページを表示した状態で
　①抽出したい文字列の上にマウスポイントを置いて、クリック→マウスポイントが縦バーとなる→マウスの左を押して、ドラッグして文字列の一部に色をかける（網掛けをするという）→「編集」→「コピー」
　②ワープロを起動する→マウスで文字列を入れる場所を指定→「編集」→「貼り付け」→文字列が表示される→出所を示す、「作成者、ページあるいはサイトのタイトル、URL、年月日時間」を入力→ワープロの文書として保存する（これで保存できた）

(2) 画像を直接ワープロに取り込む
　①画像の上にマウスポイントをあわせて、右クリックする→メニューの中から「画像をコピーする」を選ぶ
　②ワープロを起動する→マウスで入れる場所を指定→「編集」→「貼り付け」→画像が表示される→あわせて、解説の文字列も保存する→出所を示す「作成者、ページあるいはサイトのタイトル、URL、年月日時間」を入力→ワープロの文書として保存する（これで保存できた）
　ただし、ワープロがすべて画像をページの上に表示できるわけでは

ない。テキストデータしか表示できないものもあるので、そうしたソフトでは上記の操作をしても画像は表示できない。また、同じバージョンのワープロでも設定によっては保存できない。その場合は、画像も扱えるように設定を変える必要がある。

なお、著作権者が表示等の制限を加えているファイルがある。次のような段階でそれぞれ設定しているので、保存・抽出等ができないときは、著作権者による制限なのだと理解する。

1、表示するだけ。ディスクに保存等はできない。
2、表示してディスクに保存できる。以下の設定の段階がある。
 （1）一定の時間がたつとディスクから消える（表示できない）
 （2）保存したディスクから別のディスクに移そうとするとできない（移せない、保存は1回だけ）（保存するディスクの場所の制限がある。1回から3回程度まで）
 （3）表示したものの編集・加工はできない。(つまり表示させるだけ)
 （4）表示したものの編集・加工ができる。

まとめ　知識の創造の場としての図書館への道

　インターネット時代のレファレンスサービスでもっとも重要なのは、レファレンスサービスの持っている役割、つまり利用者の求める知識・情報を、図書館員が、所蔵する図書や雑誌などの資料の中に記録された知識・情報と図書館がアクセスできる各種情報源の中の知識・情報を探し出し、組み合わせて、利用者に手渡すあるいは送信するという役割である。利用者は受け取った知識・情報を吟味して、仕事や生活などに役立てる。

　こうしたことを通して、図書館は利用者の仕事や生活をよりよくするために役立っている。また、それが地域の生活の質の向上や経済の活性化につながる。

　図書館は利用者の求めに応じるだけでなく、地域の住民が持ってい

まとめ

るであろう知識・情報要求を想定して、積極的に図書館の持つ資料またはアクセスできる情報源から選び、提示する、それを通して図書館の活用を盛んにする。こうしたことも、これから図書館に求められるサービスと言える。

したがって、図書館は知識・情報を一層広い範囲から収集できるようにしなくてはならないし、IT技術も駆使して、積極的な情報提供に努めなくてはならない。

インターネットの時代に対応した新しいサービスを提供することで、社会的に新たなサービスの需要を掘り起こし、サービスの拡大、充実を実現する。

レファレンスサービスは、図書館のサービスの基本を実現するものである。それは、知識と情報を共有化するということであり、それを実現することを通して、知識と情報の創造に関わるということである。知識・情報の創造という点では、地域の課題解決型サービスが重要な役割を果たすだろう。さらに図書館が、知識と情報を仲立とした地域の人々の交流を創りだすことも期待される。

しかし、日本の公共図書館界では、現在、レファレンスサービスは低調である。また、インターネット時代、すなわち知識と情報がネットワークを通して充ち溢れ、それらの交流・活用を通して知識が次々と創り出される時代が到来しつつあるにもかかわらず、情報化への取り組みが遅れているのも残念なことである。

さらに、考え方として、貸出サービスが充実すればレファレンスサービスも充実するという自然成長的な考え方がかなり強く図書館界に存在することも残念なことである。たしかに、1970年代から貸出サービス、児童サービス、全域サービスを中心に新しい図書館サービスが開始され、貸出サービスが充実して利用者が増えると、自然と件数の増加をもたらしたので、その点で誤っているものではなかった。しかし、カウンターの場所などの要因もあって、一定の件数の増加が、その後さらに増えて行くという状況を生み出さなかったのも事実である。

もっと重要なのは考え方として、貸出サービスとレファレンスサー

インターネット時代のレファレンス

ビスとは内容的にも質的にもまったく異なるものであるという点を、理論的に掘り下げてこなかったという問題もあった。

　貸出サービスとは、基本的に1冊の本を貸し出す、そのために本の内容を紹介する、テーマ別の図書リストを作成する等がサービスの内部にあるが、それはレファレンスサービスのように、特定のテーマや事実を図書の中に記録された特定のページを探し出してきて手渡すというのとは、根本的に異なっている。レファレンスサービスは、独自の領域と理論・知識・技術があり、それらを探求して深めていかなくては、サービスの向上・充実はありえない。したがって、貸出サービスが充実すれば、レファレンスサービスも、という自然成長的なものの考え方では、何の発展もない。

　また、地域の課題解決型のサービスの提案に対しては、日本の図書館員の現状では取り組むのが無理だという考え方があるのも残念なことである。日本の図書館はいまだ成長過程にある。そこで、現状を前提に無理だというのは、そもそも図書館及び図書館員の成長、物事の発展を考えない、といういわば思考停止的な考え方と言わなければならない。

　レファレンスサービスは、まだまだこれからのサービスで、新しい時代にふさわしいサービスを追求することで、住民の支持を得て、発展していくことができるのである。また、レファレンスサービスを充実させることは、図書館サービス全体の質を向上させることにつながるのである。

　本書が現場で、それぞれの条件のもとで考え実行する参考になれば幸いである。

　　注
　　（注1）「クラウド・コンピューティング」は、ブラウザーを稼働できて、インターネット接続さえできる端末があれば、望むままにコンピュータ機能がインターネットから提供される世界を実現しようという構想である。グーグルCEO（最高経営責任者）のエリック・シュミット氏が2007年に提唱した。「クラウド」は直訳すると「雲」を意味するが、この場合はインターネット

まとめ

のことを意味する。IT（情報技術）業界のプレゼンテーションで、インターネットを雲の絵で表す習慣があることから来ている。井上健太郎「クラウド・コンピューティング」「知っておきたい IT 経営用語」（日経 BP 社）http://itpro.nikkeibp.co.jp/article/Keyword/20081216/321570/（2010 年 7 月 25 日閲覧）

（注 2）これは「図書館の自由」や、国立国会図書館の壁に刻まれた「真理がわれらを自由にする」という考えに共通するものといってよい。

（注 3）収集方針、選書基準と照らしあわせて購入できる図書かどうか判断する必要もある。こうしたことを考えるともう少し説明を書き込む必要がある。

（注 4）アメリカの公共図書館は非常に多くの商用オンラインデータベースを利用者が使えるようにしている。その例として、常世田良が『図書館概論』（大串夏身、常世田良著、学文社、2010）112 ページから 113 ページに「サンフランシスコ市立図書館ネットが提供する主なデータベース」として紹介している。34 のデータベースがリストアップされている。

（注 5）一部の図書館学の教科書に、入り口の近くには住民がよく借りる図書などを置くべきだ、それが利用者の効率的な行動に資するからだということを書いたものがあるが、論外である。また、入り口近くに雑誌のコーナーを置き、椅子などを置いて読めるようにしているところがあるが、これも論外である。これはいつも新しい資料が図書館にあることを示すため、ということであるが、コンビニと同じ論理である。確かに、1970 年以前は図書館は古い資料しか置いていないというイメージを持たれていたので、それを変えるためにそうした試みが行われたとも考えられるが、今は一般に図書館には新刊書があり、それを借りることができるというイメージが定着しているので、その必要はない。

（注 6）アメリカのように多数の端末を用意して、いつでも誰でもが使えるようにしていれば、そうしたコントロールは必要でない。また、利用についても自由で、以前、「読売新聞」でカリフォルニアの公共図書館で図書館の端末を使って起業して、市内の事務所に移って事業を進めている人が紹介されていたが、数を多く提供できれば、日本でもそのような活用方法は可能だ。

（注 7）一部の図書館では、日本出版販売（日販）の「本やタウン」などが検索できなくなっているが、論外である。教育委員会として端末全体に網をかけるのは理解できるが、図書館は必要なものは検索できるようにしておく必要がある。

（注 8）平成 19 年 2 月に文化審議会が『敬語の指針』という答申を政府に提出している。第 2 章敬語の仕組み、第 1 敬語の種類と働きで、現代の敬語を 5 つに分けて説明している。すなわち、尊敬語（「いらっしゃる・おっしゃ

る」型)、謙譲語Ⅰ（「伺う・申し上げる」型)、謙譲語Ⅱ（丁重語)（「参る・申す」型)、丁寧語（「です・ます」型)、美化語（「お酒・お料理」型）である。なお、第3章では敬語の具体的な使い方について説明している。参考になる。

(注9) 国立国会図書館でもすべてにわたって検索できるわけではない。現在、過去に収集整理したデータを見直して、内容細目として採用する基準に合致したものは、再整理をすすめているので、今検索できなくても数年後には検索できるというものも出てくる可能性がある。

(注10)「レファレンス協同データベース」：国立国会図書館が、レファレンスサービス及び一般利用者の調査研究活動を支援することを目的として行っている事業。公共図書館、大学図書館、専門図書館等におけるレファレンス事例、調べ方マニュアルなどのデータを蓄積し、インターネットを通じて提供している。

(注11) ただし、現在は総合的な検索エンジンで「ものいいの柔らかさ　レファレンス」という文字列で検索をすると一覧に出てくる。これは、「レファレンス協同データベース」のデータは総合的な検索エンジンでも検索できるようになっているからだ。(2010年8月16日検索閲覧)

(注12) シリーズ通し番号で欠けているものは次の通りである。14 児童文学個人全集・内容綜覧、15 児童文学個人全集・作品名綜覧、16 児童文学全集・内容綜覧作品名綜覧、17 児童文学全集・作家名綜覧、24 戯曲・シナリオ集内容綜覧、28 児童文学全集・内容綜覧作品名綜覧第2期、29 児童文学全集・作家名綜覧第2期、30 児童文学個人全集・内容綜覧作品名綜覧第2期

(注13) 印刷資料の蔵書目録の他、CD-ROM、DVD-ROM版もあるが、インターネットのWeb-OPAC（「NDL-OPAC」）で検索した方が早い。

(注14) 学術機関リポジトリは、大学発行の紀要、灰色文献、学位論文などをデジタル化して蓄積・保存し、公開しているものである。日本では現在79大学で取り組んでいる。

(注15) 著作権法上の問題があるという指摘がある。が、レファレンスサービスの信頼性を確保するためにも必要なことで、レファレンスサービスの社会的な重要性にかんがみ法の解釈を変えてもらうように働きかけることが必要である。

(注16) 正答できた質問の全体に占める割合は、「正答率」とも表現されるが、そもそも質問に対する回答で、正答とは何なのかを十分考えた上で使った方がいい。簡単な事実調査には「正答」というのがあるだろうが、特定テーマに関する質問には「正答」という概念はないと言ってよいだろう。利用者が満足すれば、それで正答と言えると言えば言えるし、その内容を検討したところもっといろいろな文献があるということになれば、正答と

は言えない。なお、「パフォーマンス指標」(JIS 規格番号 X0812：2007、ISO11620：1998)では、レファレンスサービスについては「正答率」(B.2.6.1)がある。ISO11620 図書館パフォーマンス指標は、2008 年 8 月に第 2 版が発表されている。

資　料
実例　特定テーマに関するレファレンスツールの組織化

「5-1.　レファレンスツールを＜組織化＞する」（93 ～ 96 ページ）で人物に関する調査のためのチャート図を示しておいたが、ここではチャート図だけでなく、調べ方やツールなどの説明もあわせて書いたものを「実例」として 6 例掲載した。

それぞれの図書館では、これを参考にして、図書館所蔵の資料等の範囲で作成し、マニュアルとしてとりまとめ、それをカウンターや電話のそばに置いて、いつでも参照できるようにしておくといい。その場合は、チャート図とそこに記載したレファレンスブックは、基本的な書誌事項と請求記号、本棚番号を書く程度でいい。ここに掲載した実例は、自習や研修の資料として読んだり、活用したりするとよい。

なお、調べ方案内（パスファインダー）は、それぞれの図書館の所蔵資料等にあわせて、これを参考にして作成するといい。ただ調べ方案内は、「用語の定義を百科事典や専門辞典で調べる」「参考にする概説書にどのようなものがあるか提示する」「調べるにあたって検索に使うキーワードや関連するキーワードを示す」「関連する NDC の箇所と本棚番号を示し、それから実際に OPAC を検索する」という具合に順序を追って調べる方法を案内する。

しかし、このチャート図では、迅速に調査してできるだけ早く回答を利用者に提示する、そのためにまず、この質問ではこのツールを調べるとよいというものを示す、というために作成される。

利用者にも活用してもらうというものと、実際にレファレンスの質問に回答するというものとの違いである。また、現場では、迅速にというだけでなく、職員がみなそれを参照して同じように調べることができるようにする、つまり、業務の平準化をはかるという機能も持つ。さらに、困ったときに参照してすぐに調査に入ることができるように

する、という機能も持つ。そのためには、パッと見てすぐに行動に移ることができるようなものでなくてはならない。

ここで、実例としてあげたものは、NPO図書館の学校機関誌『あうる』に大串が連載したものから選んだ。転載にあたって、通し番号等を変更し、また、本文も一部修正した。『あうる』への掲載号、年月は次のとおりである[注]。

実例1→チャートで考えるレファレンスツールの活用（ステップ15）教育（2）/ 大串 夏身　あうる.（78）[2007.8・9]

実例2→チャートで考えるレファレンスツールの活用（ステップ16）教育（3）/ 大串 夏身　あうる.（79）[2007.10・11]

実例3→チャートで考えるレファレンスツールの活用（ステップ17）教育（4）調べ学習の役立つインターネット情報源（2）/ 大串 夏身　あうる.（80）[2007・8.12・1]

実例4→チャートで考えるレファレンスツールの活用（ステップ18）教育（5）調べ学習に役立つ資料 / 大串 夏身　あうる.（81）[2008.2・3]

実例5→チャートで考えるレファレンスツールの活用（ステップ26）世界文学（その1）/ 大串 夏身　あうる.（92）[2009・10.12・1]

実例6→チャートで考えるレファレンスツールの活用（ステップ27）世界文学（その2）/ 大串 夏身　あうる.（93）[2010.2・3]

なお、インターネット情報源は一部変わっているところがあり、レファレンスブックも同種のものでも新しいよりよいものが出版されている可能性もある。

注）
　　本文中に出現するチャート図「教育関係を調べる」「調べ学習に役立つインターネット情報源」「調べ学習に役立つ印刷資料を探す」「世界文学を調べる手段は…？」は、いずれも『あうる』に掲載されたものである。図書館の学校事務局のご厚意により、同データを使用している。

大串夏身の
チャートで考えるレファレンスツールの活用

1. 教育（1）

まずは、辞書・事典で確認してから

　教育関係の質問を受けたとき、専門用語の意味が分からないことがあります。これは教育関係の辞書・事典で確認します。また、うろ覚えの用語の意味を理解しているつもりでそのままにして調査にとりかかるのも危険です。よく分からないとき、少しでも不安があるときは、辞書・事典で確認してから調べはじめるようにしましょう。その際、用語を確認するためにも、利用者からの質問は必ずメモをとって利用者とともに確認するようにします。

　ハンディな辞書・事典としては、『最新教育基本用語』[*1]、『新版学校教育辞典』[*2]、『教育用語辞典』[*3]、『現代教育用語辞典』[*4]、『教育学用語辞典』[*5]、『最新教育キーワード137』[*6] があげられます。

　英語の表記が分からないときには『学校用語英語小事典』[*7] が参考になります。ネット上で調べる場合は、小学館の「最新教育基本用語」[*8] をおすすめします。

　ハンディな辞書・事典の記載よりもっと詳しく知りたいというときは、『新版現代学校教育大事典』[*9] などの大部の事典を調べます。『図解子ども事典』[*10] も参考になるでしょう。分野別では『最新学習指導用語事典』[*11]、『学校保健・健康教育用語辞典』[*12] などがあります。

　新しい内容は新語事典などをインターネットで確認するのもひとつの方法です。その場合、複数の検索エンジン（GoogleやYahoo!など）で「○○○○○（調べる言葉）とは」と入力して検索します。出典や根拠が明示されていないものは避け、新聞社が作っている用語辞典などにあれば、それを開いて読むといいでしょう。

　用語の意味が分かったら、新しいことは前回紹介した方法で探しま

す。まず、文部科学省や新聞社のサイトを調べ、次に新聞記事や雑誌記事なども、先に紹介した方法で調べます。

さらに専門新聞社や専門雑誌の出版社のサイトでも調べてみることをおすすめします。

法律用語の検索

法律に関する用語は、まずは六法全書と「法令データ提供システム」[13]で検索します。調べるときは、法律、規則、基準だけでなく通達、通知なども必要になります。インターネットでは確認できないものも少なくありません。それらは教育関係の法令集に記載されていることもあります。

法令集としては『文部科学法令要覧』[14]、『教育小六法』[15]、『解説教育六法』[16]、『私学必携』[17]などがあります。

『詳解教務必携』[18]、『教育財政会計六法』[19]、『公立学校施設関係法令集』[20]、『学校保健・学校安全法令必携』[21]、『学校給食必携』[22]、『新訂「学校環境衛生の基準」解説』[23]、『詳解生徒指導必携』[24]といった専門分野の法令集もあります。具体的な法律相談のマニュアル本には『学校生活の法律相談』[25]というものがあります。

事実・歴史的事柄

事実に関することは、先に紹介した大部の専門事典『新版現代学校教育大事典』[9]などから調べはじめます。インターネットの検索エンジンから調べはじめるのは、取りあえず手がかりを得たいというのならいいのですが、あまりおすすめできません。

歴史的な事柄になると、戦後（1945年以降）と戦前、近世以前とでは対象とするレファレンスツールが違ってきます。が、まずは広い期間をカバーしているレファレンスツールから調べはじめて、次に期間が狭いツールで調べます。

戦後の年表でしたら、『戦後教育年表』[26]があります。この年表には事項索引、調査・統計に関する項目索引などの索引がついています。

インターネット時代のレファレンス

1920年代以降のことを調べる場合は、事項編、人物編、資料編から構成されている『現代教育史事典』[*27]があります。

歴史には人物関係の事項も多く、そういった事柄を調べる場合は『図説教育人物事典：日本教育史のなかの教育者群像』[*28]に当たると良いでしょう。古いものでは『教育人名辞典』[*29]というものもあります。また、別の『教育人名辞典』[*30]は明治末から大正にかけて出版された教育関係の人名録を改題復刊したものです。

専門分野の事柄

教育の専門分野の事柄でしたら、各種の分野別の事典とマニュアル、ハンドブックなどが役立ちます。特に現在の事柄で実際的な内容が必要だというとき、マニュアル、ハンドブックは役立ちます。ここ2、3年で出版されたものには次のものがあります。『小学校における安全教育ハンドブック』[*31]、『教師のための防災教育ハンドブック』[*32]、『養護教諭のための特別支援教育ハンドブック』[*33]、『学校教育相談学ハンドブック』[*34]、『学校・幼稚園周年行事マニュアル』[*35]などです。

『教師のコミュニケーション事典』[*36]は、子ども、保護者、同僚、管理職など対象別に実例入りで書かれており、参考になります。

教科書や統計などよくきかれる質問については、前号に国立国会図書館の「テーマ別の調べ方案内」から調べ方について書かれているものを紹介しましたので、ご参照ください。

教育関係ポータルサイト

ポータルサイトも見ておきましょう。教育全般に関するサイトには国立教育政策研究所のものがあります。[*37]「各部・センターのホームページ」「教育情報ナショナルセンター」「教育研究情報データベース」「教育図書館」などのページがレファレンスのツールとして使えます。一部登録が必要なページがありますが、図書館として登録しておくといいでしょう。

教員養成関係では東京学芸大学附属図書館の「E-TOPIA（イート

資　料

ピア）」[*38] があります。教員養成関係だけでなく幅広く資料、情報を収集できるように作られています。項目数が多いので、一度じっくり見ておく必要があるでしょう。

チャート図　教育関係を調べる

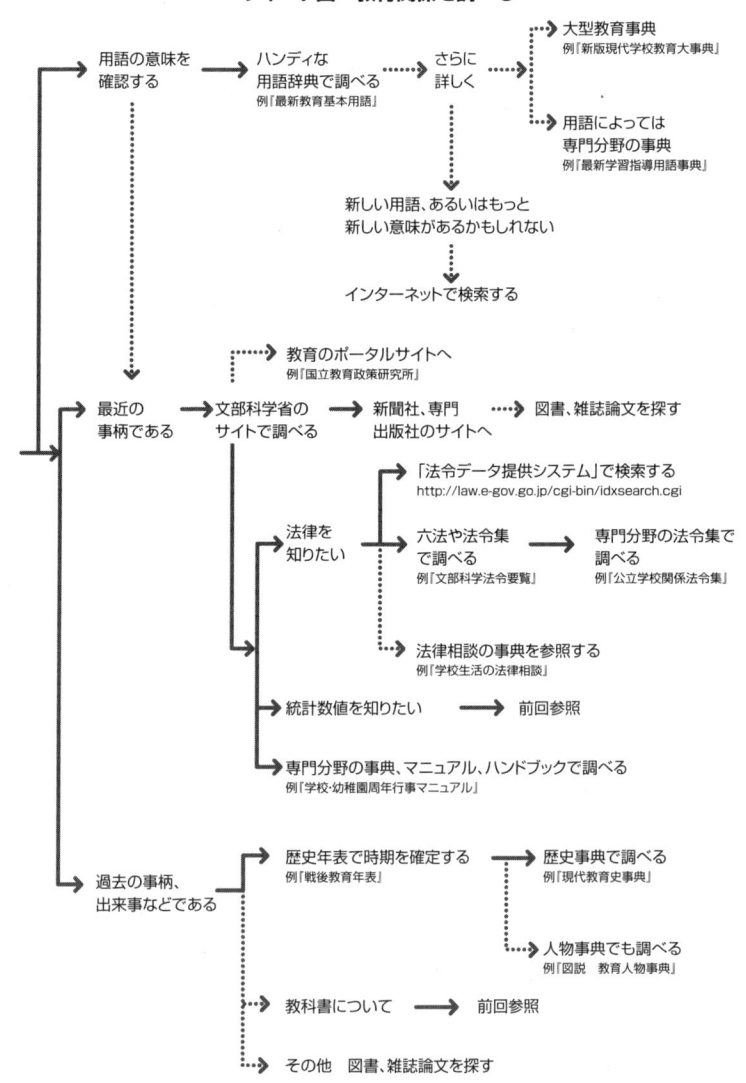

```
用語の意味を ──→ ハンディな ········→ さらに ──→ 大型教育事典
確認する         用語辞典で調べる    詳しく     例『新版現代学校教育大事典』
                 例『最新教育基本用語』
                                             ──→ 用語によっては
                                                  専門分野の事典
                                                  例『最新学習指導用語事典』

                                       ↓
                              新しい用語、あるいはもっと
                              新しい意味があるかもしれない
                                       ↓
                              インターネットで検索する


                          ········→ 教育のポータルサイトへ
                                     例『国立教育政策研究所』
最近の ──→ 文部科学省の ──→ 新聞社、専門 ········→ 図書、雑誌論文を探す
事柄である  サイトで調べる   出版社のサイトへ

                                ──→ 「法令データ提供システム」で検索する
                                     http://law.e-gov.go.jp/cgi-bin/idxsearch.cgi
             法律を ──→ 六法や法令集 ──→ 専門分野の法令集で
             知りたい   で調べる         調べる
                        例『文部科学法令要覧』  例『公立学校関係法令集』

                        ········→ 法律相談の事典を参照する
                                   例『学校生活の法律相談』

             統計数値を知りたい ──→ 前回参照

             専門分野の事典、マニュアル、ハンドブックで調べる
             例『学校・幼稚園周年行事マニュアル』


過去の事柄、──→ 歴史年表で時期を確定する ──→ 歴史事典で調べる
出来事などである  例『戦後教育年表』            例『現代教育史事典』

                                          ──→ 人物事典でも調べる
                                               例『図説 教育人物事典』

             ········→ 教科書について ──→ 前回参照

             ········→ その他　図書、雑誌論文を探す
```

167

インターネット時代のレファレンス

*1『最新教育基本用語』小学館,2003.6
*2 今野喜清他編集代表『新版　学校教育辞典』教育出版,2003.2
*3 山崎英則・片山宗二編集委員代表『教育用語辞典』ミネルヴァ書房,2003.7
*4 中谷彪・浪本勝年編『現代教育用語辞典』北樹出版,2003.11
*5 岩内亮一他編集代表『教育学用語辞典』第4版,学文社,2006.5
*6 江川玟成他編著『最新教育キーワード137第12版』時事通信出版局,2007.7
*7 竹内明彦著『学校用語英語小事典』第3版,大修館書店,2004.2
*8 小学館「最新教育基本用語」http://www.ed.shogakukan.co.jp/yougo/
*9 安彦忠彦他編『新版　現代学校教育大事典』1-7巻,ぎょうせい,2002.8-9
*10 林邦雄監修『図解子ども事典』一藝社,2004.1（普及版は2005.6出版）
*11 辰野千壽編『最新　学習指導用語事典』教育出版,2005.8
*12 大澤清二他編『学校保健・健康教育用語辞典』大修館書店,2004.3
*13「法令データ提供システム」http://law.e-gov.go.jp/cgi-bin/idxsearch.cgi
*14『文部科学法令要覧』ぎょうせい,年刊
*15 市川須美子他編『教育小六法』学陽書房,年刊
*16『解説教育六法』三省堂,年刊
*17『私学必携』第一法規出版,不定期刊
*18『詳解教務必携』ぎょうせい,不定期刊
*19『教育財政会計六法』第一法規出版,最新版平成15年度版
*20『公立学校施設関係法令集』第一法規出版,年刊,最新刊平成18年度版
*21『学校保健・学校安全法令必携』ぎょうせい,不定期刊
*22『学校給食必携』ぎょうせい,不定期刊
*23『新訂「学校環境衛生の基準」解説2004』,薬事日報社,2004.4
*24『詳解生徒指導必携』改訂版,ぎょうせい,2006.8
*25 坂東司朗他著『学校生活の法律相談』学陽書房,2005.2
*26 阿部彰著『戦後教育年表』風間書房,2005.2
*27 久保義三他編著『現代教育史事典』東京書籍,2001.12
*28 唐澤富太郎編著『図説教育人物事典:日本教育史のなかの教育者群像』上・中・下巻　ぎょうせい,1984.4-7
*29『教育人名辞典』理想社,1962
*30『教育人名辞典』1-3巻,日本図書センター,1989.11
*31 大阪教育大学編著『小学校における安全教育ハンドブック』ぎょうせい,2007.3
*32 山田兼尚編著『教師のための防災教育ハンドブック』学文社,2007.3
*33 飯野順子・岡田加奈子編著『養護教諭のための特別支援教育ハンドブック』大修館書店,2007.2
*34『学校教育相談学ハンドブック』ほんの森出版,2006.8
*35 亀岡純一著『学校・幼稚園周年行事マニュアル』文芸社,2004.9

*36 國分康孝・國分久子監修『教師のコミュニケーション事典』図書文化社,2005.7
*37 「国立教育政策研究所」http://www.nier.go.jp/homepage/kyoutsuu/index.html
*38 東京学芸大学附属図書館「E-TOPIA（イートピア）」パスファインダー http://library.u-gakugei.ac.jp/etopia/index_p.html

2. 教育（2）

今回は、調べ学習を指導する上で参考になりそうなインターネット情報源をご紹介します。

一部、児童・生徒向けに作られたものもありますが、今回は指導者向けとしてのご紹介です。ご了承ください。

「『総合的な学習の時間』応援団のページ」

まず、最初に紹介しておきたいのは、文部科学省のサイト内にある「総合的な学習の時間」応援団のページ[1]にある「総合的な学習の時間」における学習活動への支援を行っている府省庁・関係団体名、支援内容、連絡先等の検索のページです。ここでは省庁の広報室や大使館、国連世界食糧計画などの国際団体、国内の公益法人、NPO、事業組合などのうち、調べ学習に役立ち、協力してくれる機関、組織、団体等を紹介しています。

分野別、所管（推薦）府省別、50音順別、サービス別にそれぞれ検索ができます。

分野別では、福祉・健康67、環境90、情報20、国際理解60、その他として金融庁30、農林水産省14、財務省21、警察庁4、総務省3、経済産業省10、経済産業省特許庁10、経済産業省特許室1、環境省6、法務省3、最高裁判所1、文部科学省55、外務省5、国立国会図書館1、税務署（全国524署）1、国土交通省18、厚生労働省6、内閣府6、内閣官房2、そのほか4、計438となっています。重複はありますが、かなりの機関、団体等が協力してくれることが分かります。

リストでは機関・法人名等、支援の内容、サービス内容、連絡先、

ホームページアドレスが分かります。支援内容は、教材提供、講師派遣、資料提供、施設見学、体験学習などです。これは国の機関や全国的、国際的な機関、団体等ですから、地域の機関、団体等は別に調べなくてはなりません（地方農政局などもリストアップされていますので、リストで調べて電話で問い合わせするといいでしょう）。

　総合的な学習の時間は、調べ学習とはイコールではありません。しかし、リストアップされている機関のページに参考になる情報があります。

　たとえば農林水産省関東農政局のサイトでは、「食」・「農」・学習実施アイデア集[*2]というページを作って、職員室（先生はこちらへ）、調べ学習リンク集、食と農に関する総合学習事例集、食農授業計画案＆実践事例、農業・農村人材バンクなどのページを用意しています。農業・農村人材バンクのページの中には見学できる工場、体験宿泊施設リストなどもあります。

　「調べ学習リンク集」では、校庭の果樹⇒びわ、かき、りんご、今日の給食⇒牛乳、ハンバーグ、煮豆、ごはん、校庭の花だん・畑・田んぼ⇒トマト、さつまいも、ピーマンについてリンク集が作られていて、基本的な知識や品種などのほか、実際の栽培の様子や生産地の様子を調べることができます。

　これらのページは小学校高学年程度を意識して作られていますが、首相官邸にある「各府省のキッズルーム」[*3]を見ると、各省庁・参議院、最高裁判所、日本銀行が、児童・生徒向けのホームページを作っていることが分かります。

図書館が作っている支援のページ

　次に公共図書館が作っている調べ学習支援のページを紹介します。

　秋田県立図書館[*4]では、教職員と子ども向け図書館案内ページのなかに、「調べ学習に役立つ本のリスト」があります。また、調べ学習リンク集のページがあり、「調べ学習に役立つリンク集」、「異文化交流の学習に役立つリンク集」が作られています。

資　料

　広島県立図書館[*5]では「子ども用ページ」や「ヤングアダルトのページ」のなかに「しらべてみよう」のページがあります。それぞれにリンク集があり、インターネット情報源の紹介をしています。
　県立ではこのほか、「調べ学習に役立つリンク集」（宮崎県立図書館）[*6]、「調べ学習おすすめリンク集」（大分県立図書館）[*7]、「調べ学習に役立つページ・リンク集」（岐阜県図書館）[*8]、「小学校・中学校・高校の学習を支援します」（県立長野図書館）[*9]などがあります。
　県立長野図書館は、具体的なテーマを設定して、それに関する調べ方や資料を紹介したものです。
　米子市立図書館[*10]では、学校図書館支援のページのなかに、「ふるさと米子探検隊」「ふるさと探検隊ガイドブック」「調べ学習リンク集」「調べ学習事例集」などを作っています。「調べ学習リンク集」がインターネット情報源を紹介したものです。
　また、札幌市中央図書館が「総合的学習を支援する資料」[*11]をインターネット上に公開しています。
　地域の図書館が作ったリンク集の良い点は、地域の情報源がリストアップされていることです。
　次回は、学校、出版社、新聞社、財団法人などがつくった調べ学習用のリンク集と、児童向けの検索エンジンを紹介します。

　　*1 文部科学省「総合的な学習の時間」応援団のページ http://www.mext.go.jp/a_menu/shotou/sougou/bunya.htm
　　*2 農林水産省関東農政局→「食」・「農」学習実施アイデア集 http://www.kanto.maff.go.jp/syokunou/kids/index.html
　　*3 首相官邸　キッズルーム→各府省のキッズルーム http://www.kantei.go.jp/jp/kids/link/index.html
　　*4 秋田県立図書館 http://www.apl.pref.akita.jp/
　　*5 広島県立図書館 http://www.hplibra.pref.hiroshima.jp/
　　*6 宮崎県立図書館 http://www.lib.pref.miyazaki.jp/
　　*7 大分県立図書館 http://library.pref.oita.jp/
　　*8 岐阜県図書館 http://www.library.pref.gifu.jp/
　　*9 県立長野図書館 http://www.library.pref.nagano.jp/
　　*10 米子市立図書館 http://www.yonago-toshokan.jp/

*11 札幌市中央図書館 http://www.city.sapporo.jp/tosyokan/

3. 教育（3）調べ学習に役立つインターネット情報源

　前回に引き続き、調べ学習に役立つインターネット情報源を紹介します。前回は、文部科学省をはじめとする中央省庁と関係機関、図書館が作成した支援・援助のページを紹介しました。
　今回は
（1）学校や教育研究所が作成したリンク集
（2）教科書会社が作成したリンク集
（3）出版社その他の企業が作成したリンク集
（4）検索エンジンなどの運営会社が作成したこども向けの検索エンジンやリンク集
のなかで、私の気がついたものを紹介します。

（1）学校や教育センターなどが作成したリンク集

　小平市立小平第三小学校（東京都）の「学習リンク集」[*1] は、「検索・リンク集」をはじめ各教科、調べ学習のテーマ（国際理解など）についてインターネット上のリンク集や情報源を紹介しています。かなり大きなリンク集になっています。地元に関する情報（この学校の場合小平市や東京都関係）が多いのは、学校がつくるリンク集の特徴と言っていいでしょう。
　河内長野市立美加の台小学校（大阪府）情報教育部の「お勧め学習リンク集」[*2] は教科別にテーマを設定して、それぞれにリンク集を作っています。
　南風原町立翔南小学校（沖縄県）の「調べ学習に役立つリンク集」[*3] は、メニューに【しつもんする】【学校をさがす】【沖縄のこと】【しらべがくしゅうのためのおすすめリンク】【沖縄の新聞社】、【総合的な学習の時間】【調べ学習】【各教科】【国語】【社会】【算数】【理科】とあります。最初に次のように書かれています。

ようこそインターネットの世界へ。
　ここでは、教室にいながらいろいろなことを調べたり、体験したりすることができます。
　では、マナーを守って、そして先生の指示に従ってインターネットの世界を楽しみ、そして学習しましょう。
　※インターネットでの調べ学習や体験は、実際の見学や体験にはかないません。
　インターネットでしらべた後は、その学習を生かして、できるだけ実際に見学や体験をするようにしましょう。
　ここにはインターネットを活用するときの基本が書かれています。大人でも、「インターネットでしらべた後は、時間を作って、できるだけ実際に見学や体験をするように」心がけたいものです。
　県・市などの教育・研究センターが作成しているリンク集もあります。例えば、川崎市総合教育センターが作成した「学習リンク集」[*4]には教科や教材、調べ学習のテーマ、関係機関など764ものリンクがあります。また、西東京市（東京都）のサイトには、「にしとうきょうキッズ！」[*5]というページがあり、その中に「調べ学習リンク集」[*6]があります。自由研究や調べ学習に役立つホームページを集めたものです。教科別にリンク集が作られており、かなり充実しています。

(2) 教科書会社が作成したリンク集

　教科書会社は「東京教科書供給：東京都内採択発行者一覧」[*7]（大阪などに本社がある会社も入っています）によれば、60社あります。ここではそれらが作っているリンク集をいくつか紹介しておきましょう。
　まず紹介したいのが、実教出版[*8]です。高等学校の公民科教科書のページに、教科書の内容に対応したインターネット情報源を紹介しています（ファイルをダウンロードして活用するようになっています）。よくまとまっていると思います。
　光村図書の「情報BOX」[*9]には「子どものためのリンク集」があり、

小学校、中学校の教科別に内容に則した情報源の紹介があります。小学校の科目は国語、社会、総合が中心で、中学は国語、英語、総合の3科目です(「情報BOX」には別に「大人のためのリンク集」があります。先生方のために教材や教育関係の情報があります)

　東京書籍には、「東書KIDS」[*10]があり、「自由研究」のページなどがあります。ほかに、「教員(先生)専用の教育資料データベース東書Eネット」もあります。

　学習研究社には、「学研キッズネット」[*11]があり、なかに「日本の歴史　調べ学習ナビ」などがあります。大人向けのページには「学研マナビゲーション——学研教育総合サイト」[*12]があり、なかに「オンラインで学ぶ・調べる」というページがあります。

　三省堂には「調べ学習用リンク集」[*13]があります。

　大阪書籍には「Kidsサイト」[*14]があり、また教科別に内容に関連したリンク集が作られています。このほか、大日本図書、開隆堂、教育図書、帝国書院など、それぞれに出版している教科書に関連した情報源を紹介しています。

(3) 出版社や会社が作成したリンク集など

　『総合百科事典ポプラディア』を出版しているポプラ社が作っている「調べ学習のポータルサイト　ナビポ」[*15]には、各種のページが用意されています。その中でも注目しておきたいのは、「キーワードでさがす—ナビポサーチ」と「テーマでさがす—調べ学習リンク集」です。前者は試験運用中のようですが、後者は、すべての分野をカバーしていて、内容も充実しています。

　「NIE　教育に新聞を」(日本新聞教育文化財団)には、「NIE・教育関係のページ」[*16]があります。「新聞各社のNIE・教育関係のリンク集」が注目されます。このテーマに限らず小中学生向けの学習のページがある新聞社もあります。(例えば、読売新聞社には、「よみうり博士のアイディアノート」[*17]があり、これに該当するといってよいでしょう)。

教材・教具・教育図書出版会社の日本標準のサイト[18]には、調べ学習に役立つ情報がテーマ別に探せる「学習サーチ」、調べ学習に役立つホームページリンク集「学習リンク集」があります。
　「本の探検倶楽部」[19]には「調査（調べ学習）に役立つリンク集」があります。日本十進分類法にしたがってならべてあります。
　「ぱぴるす」[20]は、AVCC（AVCC高度映像情報センター）が作成した小学生・中学生向けの学習サイトのリンク集です。
　小学館のサイトには、「インターネットのどこでもドア」[21]があります。このなかには、「学校の勉強に、きっと役だつ！お勉強リンク集」、「甲虫、昆虫、花、植物の、インターネット図鑑」などがあります。
　ベネッセには「すくーるおんらいんリンク集」[22]があります。リンクサイト・ページの説明が簡潔で分かりやすい上に提供者・作成者もきちんと書いているのは、このリンク集だけです。（提供者・作成者が書いてあるとサイトの評価をするときの参考になります）。

(4) こども向けの検索エンジンなど

　代表的なものに、「YAHOO! きっず」[23]「キッズ goo」[24]があります。多くのサイト・ページが広い範囲にわたって収録されています。それぞれキーワードで検索ができます。調べ学習に役立つサイト・ページも多くあります。
　このほかネットワーク・プロバイダー biglobe が作っている「KIDS PLAZA」[25]、nifty が作っている「キッズ@ nifty」[26]などがあります。それぞれ特徴がありますので、それを把握した上で活用するといいでしょう。ヘルプや先生方、保護者など向けの説明のページもありますので、事前に読んでおくといいでしょう。

インターネット時代のレファレンス

調べ学習に役立つインターネット情報源　チャート図

→ 調べ学習のテーマや内容などでアドバイスがほしい
　　…▷ 文部科学省「「総合的な学習の時間」応援団のページ」で専門の役所・事業所などで
　　　　アドバイスがもらえそうなところがないか調べてみる
　　　　　　　　例：農林水産省関東農政局や地元の農業試験場など

→ 特定のテーマに関する資料や情報源がないだろうか？
　　…▷ 図書館の資料などでは？　例：県立図書館の調べ学習に役立つ本のリストや情報源
　　　　　　　　　　　　　　　　　　県や市の教育研究所などのリンク集
　　　　　　　　　　　　　　　　　　レファレンスブックやCD-ROM、DVD-ROMで(次号で紹介します)

→ 教科別や調べ学習のテーマなどで調べられないか？
　　…▷ 学校が作成したリンク集にあるかもしれない
　　　　　　　　例：東京都小平市立第三小学校「学習リンク集」

→ 特定の教科書に関連して調べることは？
　　…▷ 教科書会社のサイトで調べてみる
　　　　　　　　例：光村図書「情報BOX」

→ そのほか調べ学習のテーマに関連して広く情報を集めたい
　　…▷ 学習に役立つリンク集などで調べてみる
　　　　　　　　例：小学館「インターネットのどこでもドア」

→ キーワードで検索してみたいが？
　　…▷ 検索エンジンで検索する
　　　　　　　　例：「YAHOO! きっず」、「キッズgoo」

*1 小平市立小平第三小学校「学習リンク集」http://www.kodaira.ed.jp/03kodaira/link/study_link.html
*2 河内長野市美加の台小学校情報教育部「お勧め学習リンク集」http://www.mockle.net/Mikanodai-new/
*3 南風原町立翔南小学校「調べ学習に役立つリンク集」http://www1.town.haebaru.okinawa.jp/se-syou/links/link-stu.htm
*4 川崎市総合教育センター「学習リンク集」http://www.keins.city.kawasaki.jp/content/gakushulink/index.html
*5 西東京市「にしとうきょうキッズ！」http://www.city.nishitokyo.lg.jp/kids/index.html
*6 西東京市「調べ学習リンク集　にしとうきょうキッズ！」http://www.city.nishitokyo.lg.jp/kids/link/index/html
*7 「東京教科書供給：東京都内採択発行者一覧」http://www.tokyo-kyoukasyo.co.jp/textbook/saitaku/hakkou.html
*8 実教出版 http://www.jikkyo.co.jp/index.jsp

*9 光村図書「情報 BOX」http://www.mitsumura-tosho.co.jp/data/
*10 東京書籍「東書 KIDS」http://kids.tokyo-shoseki.co.jp/
*11 学習研究社「学研キッズネット」http://kids.gakken.co.jp/
*12 学習研究社：大人向けのページ「学研教育総合サイト　学研マナビゲーション」http://gakken.jp/
*13 三省堂「調べ学習用リンク集」http://tb.sanseido.co.jp/kokugo/kokugo/homeroom/study-link/study_01.html
*14 大阪書籍「Kids サイト」http://www.osaka-shoseki.co.jp/kids/index.html
*15 ポプラ社「調べ学習のポータルサイト　ナビポ」http://navipo.jp/index.php
*16 日本新聞教育文化財団「NIE　教育に新聞を」http://www.pressnet.or.jp/nie/nie.htm
*17 読売新聞社「よみうり博士のアイディアノート」http://www.yomiuri.co.jp/nie/note/
*18 日本標準 http://www.nipponhyojun.co.jp/
*19「本の探検倶楽部」http://homepage1.nifty.com/gekka/kagi.html
*20（財）高度映像情報センター（AVCC）「ぱぴるす（こども向けリンク集）」http://www.avcc.or.jp/papyrus/
*21 小学館「インターネットのどこでもドア」http://www.netkun.com/dokodemo/index.htm
*22 ベネッセ「すくーるおんらいんリンク集」http://www.teacher.ne.jp/school/link/index.html
*23「YAHOO! きっず」http://kids.yahoo.co.jp/
*24「キッズ goo」http://kids.goo.ne.jp/
*25「KIDS PLAZA」http://search.biglobe.ne.jp/KIDSPLAZA/
*26「キッズ@ nifty」http://kids.nifty.com/

4. 教育（4）調べ学習に役立つ資料

　今回は、調べ学習に役立つレファレンスツールのなかでも、パッケージ資料を使って、子ども自身が調べる道すじについて考えます。
　パッケージ資料には、印刷資料のほかに代表的なものは CD-ROM、最近では DVD-ROM があげられます。1 枚のディスクに沢山の情報が入っていて、文字、画像、動画がひとつの画面から呼び出せる便利なものです。ハードディスクに入れて利用するものもあります。
　とはいえ、印刷資料のいいところは、持ち出し禁止のものでなけれ

インターネット時代のレファレンス

ば、自宅に持ち帰ってじっくり読むことができることです。実際、高校図書館の司書の方に聞いてみると、生徒にインターネット情報源やDVDなどの情報を紹介しても、時間をかけて自分の都合にあわせて読むことができるという理由で、図書を希望することが多いということでした。岩波のブックレットなどはその代表的な例です。印刷資料のこうした利点も視野に入れて生徒に紹介するといいでしょう(但し、レファレンスツールとしての印刷物：辞典や図鑑類は多くのレファレンスに応えなくてはならない図書館側の事情で貸出禁止となっているものがほとんどですが)。

では、182頁のチャート図を参照しながら実際に調べてみましょう。

(1) キーワードを考える

どのようなキーワードを使って調べるか、またそのキーワードに関連するキーワードにどのようなものがあるのか考えます。これは、日頃から資料を調べたりするときに注意してメモをとっておくよりほかに方法はありません。ツールとしては、『総合百科事典ポプラディア』プラス1-2005補遺[*1]の検索結果画面の下に「関連項目」「おすすめ項目」が表示されます。それを参考にする方法もあります。

(2) 分類を調べ、本棚に行ってみる

キーワードを手がかりにNDCの相関索引を使って、分類番号を調べ、本棚に行ってみます。本の背文字をざっと眺めて、適当な書名の本があれば、引き抜いて集めます。ここで何冊か集まればかなり調べるという目的を達成できる可能性が高くなります。でもこれだけでは十分ではありませんので、次に進みましょう。

(3) 百科事典で概要を調べる

百科事典では、索引があれば索引から、なければ見出し語から調べます(DVD-ROMなどはキーワードで検索したり、分類から調べます)。百科事典には、『ニューワイド学習百科事典』全8巻[*2]、『総合

百科事典ポプラディア』全12巻[*3]、『21世紀こども百科』第2版増補版[*4]があります。DVDでは先にふれたポプラ社のものと、『マイクロソフトエンカルタ総合大百科事典』[*5]の中に「エンカルタキッズ百科」が入っています。

(4) ことばの意味を確認する

テーマによっては、コトバの意味や定義をきちんと知る必要があります。よく分かっているつもりでも、部分的にしか知らなかったとか、最近新しい事柄が加わったとかありますので、コトバの意味や定義は調べておきましょう。新しい事柄などは新語辞典で調べます。新語辞典には『現代用語の基礎知識学習版：大人はもちろん、子どもにもわかりやすい』[*6]があります。

(5) 年鑑も参照

新しい事柄では『朝日ジュニア百科年鑑』[*7]、『ニュース年鑑』[*8]などの年鑑も参照するといいでしょう。

(6) シリーズもチェック！

各分野にわたる図鑑やシリーズの図書があれば、それも本棚に行って見ておきます。関連するテーマの分冊があるかも知れません（図書館によっては1冊ずつテーマ別に分類して整理しているところもあります。その場合は(2)で分かるでしょう）。

各分野にわたる図鑑やシリーズの図書には、小学館の「21世紀こども百科」シリーズ（『地図館』、『人物館』、『地球環境館』など12冊、最新刊は『食べもの館』）、「小学館の図鑑NEO」シリーズ（『恐竜』、『魚』、『乗りもの』など16冊）、学研の『ニューワイド学研の図鑑』全7巻（『人のからだ』、『星・星座』など）、ランダムハウス講談社の「見て読んで調べるビジュアル＆アクセス大図鑑シリーズ」（『恐竜』、『宇宙旅行』、『人体』など）があります。

(7) 専門分野の事典・図鑑等で調べる

たとえば、歴史関係には、『ジュニア日本の歴史辞典』[*9]、『調べ学習日本の歴史』全16巻[*10] などがあります。そのほかおすすめの専門分野の事典、図鑑類は、Web図書館の学校[*11] に一部ご紹介していますのでご覧ください。

(8) 出版されているけれど、そこにない資料は？

出版されているけれど、その図書館には所蔵していない資料もたくさんあるかもしれません。それらは、ほかの図書館から借りることが出来ますが、そのために、『新・どの本で調べるか─調べたい本がかならず探せる』[*12] のような、テーマ別に適切な本をリストアップできる資料で探します。そのリストとその図書館のOPACを突き合わせてみましょう。なければ他の図書館のOPACを検索してみましょう。

(9) 仕上げにもう一度本棚へ

最後に仕上げとしてもう一度本棚に行って調べます。これでおおよそ手に入る資料は分かるでしょう。

(10) 補足・図書館での本の調べ方

ここでさらに補足をしますと、

まず、図書館での調べ方を案内したいときに参考になる図書としては、次のようなものがあります。

①調べ方を紹介した本……『調べ学習の基礎の基礎─だれでもできる赤木かん子の魔法の図書館学』[*13]、「クックとタマ次郎の情報大航海術──図書館からはじめる総合学習・調べ学習」[*14]、『本のさがし方がわかる事典──図書館の達人！調べるのがおもしろくなる』[*15] など

②図書館がどのようなところか紹介したもの……『図書館って、ど

んなところなの―図書館へいこう！』[*16]、「本って、どうやって探したらいいの？―図書館へいこう！」[*17]、『図書館へ行こう！図書館クイズ―知識と情報の宝庫＝図書館活用術』[*18] など

③特定の資料群の調べ方を紹介したもの……新聞については『新聞わくわく活用事典』[*19] が、新聞を役立てた学習の具体例を豊富に示しています。『辞典・資料がよくわかる事典』[*20]、『世界の国々を調べる』[*21] も参考になるでしょう。このほか、『東京のミュージアム―調べ学習 NAVI』[*22]、『調べ学習ガイドブック』[*23]、『自然とかがくの絵本総解説』[*24] なども役立つ資料と言えます。

（11）インターネットで最新情報を確認

さらに、最新の情報をインターネット情報源で確認する必要があるときがあります。これは、前号で紹介したリンク集や子ども向けの検索エンジンを使うという方法もありますが、より確実で内容のあるサイトを紹介するということでは、DVD-ROM の百科事典の特定項目に関連して紹介されているサイトからリストアップした方がいいでしょう。例えば『ポプラディア』や『マイクロソフトエンカルタ総合大百科事典』には厳選されたサイト、ページのリンク集があります。また、ネットアドバンス提供の有料オンラインデータベース「知識探索サイト　ジャパンナレッジ」[*25] にも同様の機能があります。これはインターネットに接続して活用する百科事典のいいところです。

なお、インターネット上には、さらに、印刷資料にはない詳しい具体的な情報が記載されていたり、また、印刷資料にないものも見つかることもあるでしょう。

インターネット時代のレファレンス

調べ学習に役立つ印刷資料を探す　チャート図

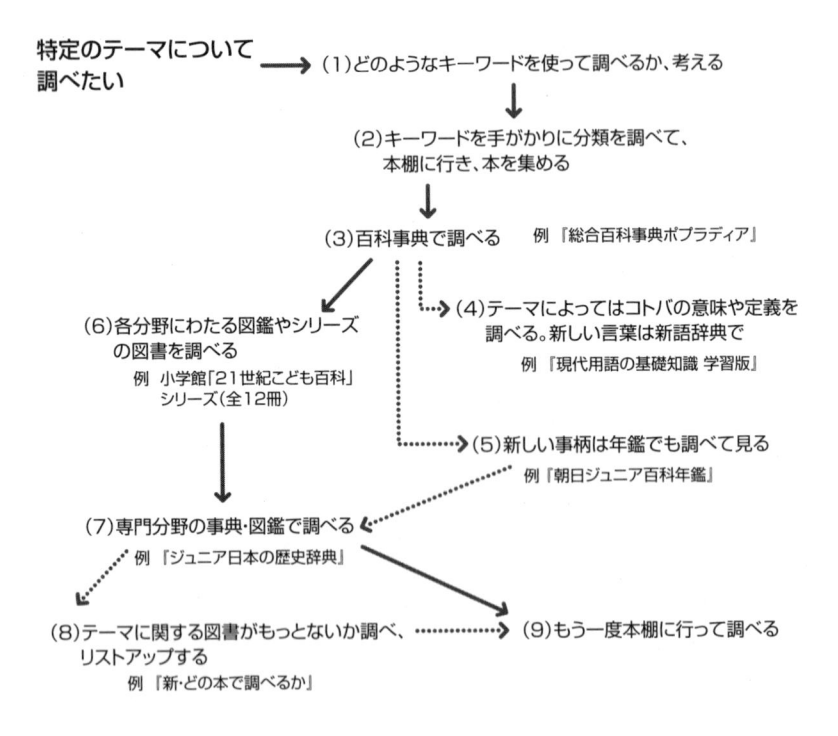

特定のテーマについて調べたい　→　(1) どのようなキーワードを使って調べるか、考える

↓

(2) キーワードを手がかりに分類を調べて、本棚に行き、本を集める

↓

(3) 百科事典で調べる　　例『総合百科事典ポプラディア』

(4) テーマによってはコトバの意味や定義を調べる。新しい言葉は新語辞典で
　例『現代用語の基礎知識 学習版』

(5) 新しい事柄は年鑑でも調べて見る
　例『朝日ジュニア百科年鑑』

(6) 各分野にわたる図鑑やシリーズの図書を調べる
　例 小学館「21世紀こども百科」シリーズ(全12冊)

(7) 専門分野の事典・図鑑で調べる
　例『ジュニア日本の歴史辞典』

(8) テーマに関する図書がもっとないか調べ、リストアップする
　例『新・どの本で調べるか』

(9) もう一度本棚に行って調べる

*1 『総合百科事典ポプラディア』プラス 1-2005 補遺, ポプラ社, 2005
*2 『ニューワイド学習百科事典』全 8 巻, 学研, 2002
*3 『総合百科事典ポプラディア』全 12 巻, ポプラ社, 2002
*4 『21 世紀こども百科』第 2 版増補版, 小学館, 2002
*5 『マイクロソフトエンカルタ総合大百科事典』マイクロソフト, 最新版は 2008
*6 『現代用語の基礎知識　学習版:大人はもちろん、子どもにもわかりやすい』自由国民社, 年刊
*7 『朝日ジュニア百科年鑑』朝日新聞社, 年刊
*8 『ニュース年鑑』ポプラ社, 2007 年
*9 歴史教育者協議会編『ジュニア日本の歴史辞典』岩崎書店, 2005
*10 『調べ学習日本の歴史』全 16 巻, ポプラ社, 2000-2001
*11 Web 図書館の学校 http://www.toshokan.or.jp/
*12 『新・どの本で調べるか』2006 年版, リブリオ出版, 2006

*13 赤木かん子著『調べ方の基礎の基礎』ポプラ社,2006
　　*14 片岡則夫著『クックとタマ次郎の情報大航海術』リブリオ出版,2001
　　*15『本のさがし方がわかる事典』PHP 研究所,2007
　　*16 赤木かん子著『図書館って、どんなところなの?』(図書館へいこう! 1),
　　　ポプラ社,2007
　　*17 赤木かん子著『本って、どうやって探したらいいの?』(図書館へいこう!
　　　2),ポプラ社,2007
　　*18 山形県鶴岡市立朝暘第一小学校編「図書館へ行こう!図書館クイズ―知
　　　識と情報の宝庫=図書館活用術」国土社,2007
　　*19『新聞わくわく活用事典』PHP 研究所,2005
　　*20『辞典・資料がよくわかる事典』PHP 研究所,2007
　　*21 矢ケ崎典隆・椿真智子編『世界の国々を調べる』古今書院,2007
　　*22 こどもくらぶ編『東京のミュージアム―調べ学習 NAVI』同朋社,2005
　　*23『調べ学習ガイドブック 2004-2005』ポプラ社,2004
　　*24 赤木かん子編著『自然とかがくの絵本総解説』自由国民社,2008
　　*25 知識探索サイト　ジャパンナレッジ http://www.japanknowledge.com/

5. チャートで考える世界文学その 1

　今回は世界文学に挑戦します。
　世界文学に関する質問には、
　1　トマス・ハーディの『息子に拒まれて』という作品を読みたい
のだが。
　2　デルブリックという文学者について書かれた文献とその訳本は
ないか?
　3　F. シラーの生没年は分からないか?
　4　○○という映画の原作は何という小説か?
　など、作品を探す、作品の翻訳を探す、文学者について調べるとい
うものがあります。
　このほかにも、作品が書かれた背景を知りたい、作品が書かれた舞
台になったところが分からないか、作品に書かれているエピソードが
事実だったそうだが本当か、などという質問もあります。
　世界文学に関する質問もまた多岐にわたります。

インターネット時代のレファレンス

分からないことは多いけれど

　質問を受けたときに、すべてがすぐにどのような内容なのか理解するのが難しいというものが多いのも、この分野です。いかに教養のある人でも、世界の文学についてくまなく知っている人はいないでしょう。ですから、質問を受けたときにあせらず、質問をメモしながら頭の中でゆっくり考えつつ、顔はにこやかに笑って対応するという態度が必要です。間違っても分からない、困った、という表情は見せてはいけません。分からなければ、それとなく質問してみます。例えば、1番目の質問でしたら、トマス・ハーディはどうも英語圏の人らしいと名前から分かるので、「いつ頃の人でしたかねえ」とそれとなく『新潮世界文学辞典』[*1]や『集英社世界文学事典』[*2]を手にしてめくりながら聞く、分からなければ、それでいいわけで、いつ頃の人かとか、主な著作を確認したら、OPACで「息子に拒まれて」を検索して、分からなければ、次に、国立国会図書館のNDL-OPACで同様に検索してみる。それでも分からなければ、『明治・大正・昭和翻訳文学目録』[*3]などで調べてみる、という手順になります。

自分で訳したタイトルということも……

　こうした作品を調べる際に、世界の文学、外国の文学で問題なのは、利用者が示す作品名が直訳調のものが結構あるということです。そこで、それとなくメモをとったあと、メモを示してこれでよろしいのかと聞きます。(これは質問を聞き終えたあと、いつもやるように習慣づけておくことのひとつです。聞き違いや利用者自身の言い間違いというのもありますから)そのときに、この書名はどこかに書かれていたものですか、と聞きます。すると利用者は自分で訳したものだとか、友達が言っていたとか、自分が読んでいる本に出ていた、小説のなかの会話に出てきたとか答えます。いずれもやや不正確な、悪く言えばあやしい書名だということが言えます。

　利用者が言ったとおりに調べるのが原則ですが、少し疑ってかかる

というのも、探索の視野を広げるという点で意味があります。もっとも、翻訳の書名がいくつもあるということもたまにありますので、できれば調べる過程で原つづりが何かというのを確認することが求められます。最近の話題の例では、ジェーン・オースティンの『いつか晴れた日に：分別と多感』というのがそれです。これは大変おもしろい小説ですが、もともとの原題は Sense and sensibility です。日本語で1948年に訳されたときは『分別と多感』というタイトルで訳されていますが、この小説を映画にして日本で封切りしたときに、『いつか晴れた日に』というタイトルにしてヒットしたので、そのまま翻訳本のタイトルにしたようです。映画は、エマ・トンプソンが翻案して好評でした。アカデミー賞脚本賞を受賞しています。

さて、前置きはこの位にして、世界文学を調べるときはどのようにすればよいか考えてみましょう。

まず、「世界文学事典」から

まず、なにはともあれ「世界文学」の事典を手にします。『集英社世界文学事典』の索引から取りかかるのがよいでしょう。あれば、本文を読みます。3番目のような質問はこれで分かるでしょう。また、文献などを調べるにあたっての事前の情報として、作者の生きた時代や地域、国、主な作品などを確認するためにもこれを調べます。レファレンスのカウンター近くに大部な「集英社世界文学事典」を置いておけないということであれば、ハンディな『新潮世界文学辞典』、「ラルース世界文学事典」[*4]で調べてもいいでしょう。もちろん、それに出てこないようでしたら大部な「集英社世界文学事典」で調べる必要があります。

次のプロセスは
（1）作品の翻訳を調べる。
（2）作品のあらすじや登場人物などについて調べる。
（3）さらに作者について詳しく調べる。
（4）作品の評価などを調べる、となります。

(5) 調べる対象の文学の分野が限定されている場合には、また別の資料を利用することもできます。

以降は、プロセス (1) ～ (3) について述べます。

作品の翻訳を調べる

(1) 作品の翻訳を調べる、では、先ほど少し見たように、まず、自分の図書館の OPAC で調べます。分からなければ、NDL-OPAC で調べます。これで分からなければ、さらに、日外アソシエーツの『翻訳図書目録』[*5]、『翻訳小説全情報』[*6]、『世界文学全集綜覧 完全収録版』[*7] (CD-ROM)、『短編小説 12 万作品名目録』[*8] や国立国会図書館編集の『明治・大正・昭和翻訳文学目録』、平凡社の『世界名著大事典』[*9] などで調べます。『明治・大正・昭和翻訳文学目録』は明治期のみ年代順に並んでいるので探しにくいのですが、ともかく NDL-OPAC でも検索できないものもありますので、辛抱強く調べてみましょう。これらで調べて翻訳されていることが分かったら、次は、図書をどのように入手するかです。作品が収録されている全集などのタイトルでもう一度自館の OPAC で検索してみて、なければ県立図書館の OPAC や県内図書館の所蔵の横断検索で検索、それでもなければ国立国会図書館に貸出やコピーを依頼するということになるでしょう。

作品のあらすじや登場人物、作者などについて

プロセス (2) の「作品のあらすじや登場人物などについて調べる」ですが、まずあらすじについて頼りになるのは『世界文学あらすじ大事典』[*10] でしょう。主人公、登場人物から小説が分からないか、となると、『世界文学の名作と主人公・総解説—主人公で解く世界文学の名作事典』[*11]、『欧米文芸登場人物事典』[*12]、欧米の古典作品 403 作品を採録している『架空人名辞典 欧米編』[*13]、『名探偵事典 海外編』[*14]、「翻訳ミステリー小説登場人物索引」[*15] などがあります。なお、『新潮世界文学辞典』にも「登場人物案内」があります。ちょっと毛色が変わったものには『完訳世界文学にみる架空地名大事典』[*16]

があります。

　(3)　さらに作者について詳しく調べるでは、『集英社世界文学事典』のほか、『最新海外作家事典』[*17]、『世界ミステリ作家事典』[*18]で調べます。これらで分からなかった場合は、自分の図書館のOPACで作者名で検索して、その作者について書かれた本があればそれをまずリストアップして、作者の翻訳書があればそれを次にリストアップして、本を集める、ということになるでしょう。翻訳書の解説に作者について書いてあることが多いのです。『世界伝記大事典』[*19]に載っているような人であれば、それも紹介しましょう。（次回に続く）

チャート図　世界文学を調べる手順は…？

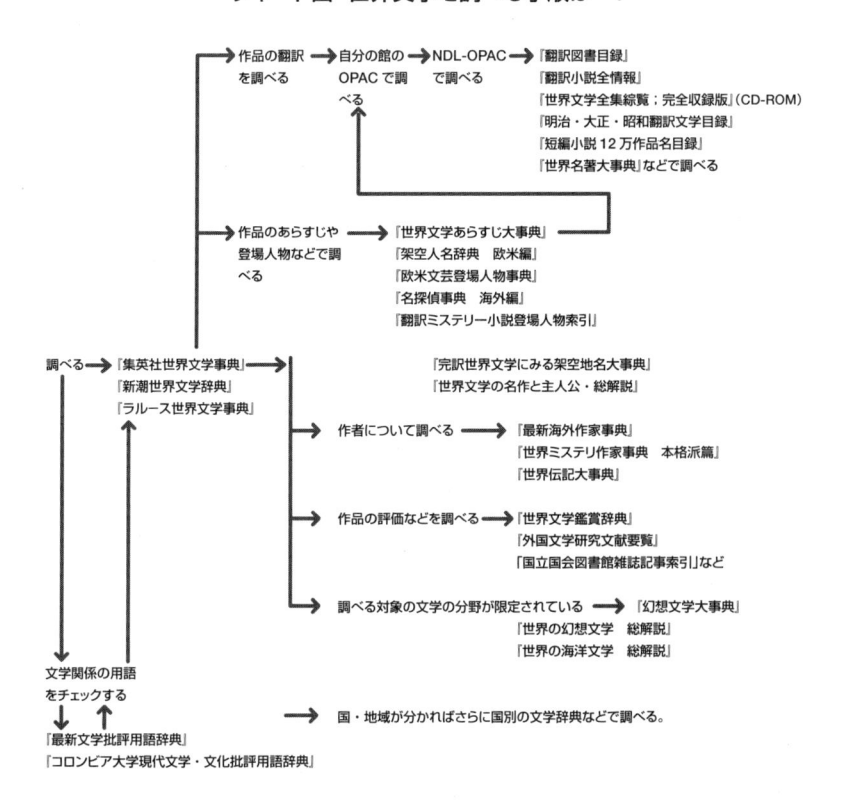

作品の翻訳を調べる
　→　自分の館のOPACで調べる　→　NDL-OPACで調べる　→
　　『翻訳図書目録』
　　『翻訳小説全情報』
　　『世界文学全集綜覧；完全収録版』(CD-ROM)
　　『明治・大正・昭和翻訳文学目録』
　　『短編小説12万作品名目録』
　　『世界名著大事典』などで調べる

作品のあらすじや登場人物などで調べる
　→　『世界文学あらすじ大事典』
　　『架空人名辞典　欧米編』
　　『欧米文芸登場人物事典』
　　『名探偵事典　海外編』
　　『翻訳ミステリー小説登場人物索引』

調べる　→　『集英社世界文学事典』
　　　　　『新潮世界文学辞典』
　　　　　『ラルース世界文学事典』

　　『完訳世界文学にみる架空地名大事典』
　　『世界文学の名作と主人公・総解説』

作者について調べる　→　『最新海外作家事典』
　　　　　　　　　　　『世界ミステリ作家事典　本格派篇』
　　　　　　　　　　　『世界伝記大事典』

作品の評価などを調べる　→　『世界文学鑑賞辞典』
　　　　　　　　　　　　　『外国文学研究文献要覧』
　　　　　　　　　　　　　「国立国会図書館雑誌記事索引」など

調べる対象の文学の分野が限定されている　→　『幻想文学大事典』
　　　　　　　　　　　　　　　　　　　　　『世界の幻想文学　総解説』
　　　　　　　　　　　　　　　　　　　　　『世界の海洋文学　総解説』

文学関係の用語をチェックする
　↓
『最新文学批評用語辞典』
『コロンビア大学現代文学・文化批評用語辞典』

　→　国・地域が分かればさらに国別の文学辞典などで調べる。

インターネット時代のレファレンス

*1 江川卓〔ほか〕編『新潮世界文学辞典』増補改訂、新潮社、1990
*2 『世界文学事典』編集委員会編『集英社世界文学事典』集英社、2002
*3 国立国会図書館編『明治・大正・昭和翻訳文学目録』風間書房、1959
*4 河盛好蔵監修『ラルース世界文学事典』角川書店、1983
*5 日外アソシエーツ株式会社編『翻訳図書目録』日外アソシエーツ、1984 〜 2008
1945年以降に翻訳刊行されたあらゆる分野の図書を収録する。翻訳図書が刊行された年によりそれぞれ『45/76, 77/84, 84/88, 92/96, 1996-2000, 2000-2003, 2004-2007』に収録されている。
*6 日外アソシエーツ株式会社編『翻訳小説全情報』日外アソシエーツ、1994 〜 2007
45/92、1993/1997、1998-2000、2001-2003、2004-2006 がある。
*7 『CD 世界文学全集綜覧』完全収録版：CD EPWING 版、日外アソシエーツ、2005
1926年から2001年に国内で刊行された全集・個人全集、児童文学全集、詩歌全集の内容細目を収録している。
*8 日外アソシエーツ編『短編小説12万作品名目録』正・続、日外アソシエーツ、2001 〜 2009
短編小説の作品名からその掲載図書が調べられる目録。2001年7月刊行の〔正〕は1986年から2001年5月までの図書が対象。続は2001年6月〜 2008年12月末までの図書に掲載された短編小説作品を収録。
*9 『世界名著大事典』1-16・補遺版、オリジナル新版、平凡社、1987 〜 1989
*10 横山茂雄、石堂藍監修『世界文学あらすじ大事典』1-4、国書刊行会、2005 〜 2007
*11 『世界文学の名作と主人公・総解説：主人公で解く世界文学の名作事典』1992改訂版、自由国民社、1992
*12 Cl.アジザほか著, 中村栄子編訳『欧米文芸登場人物事典』大修館書店、1986
*13 教育社編『架空人名辞典. 欧米編』教育社、1986
*14 郷原宏著『名探偵事典. 海外編』東京書籍、1997
*15 DB ジャパン編『翻訳ミステリー小説登場人物索引』上・下、DB ジャパン、2001
*16 アルベルト・マンゲル, ジアンニ・グアダルービ著, 高橋康也ほか監訳『完訳世界文学にみる架空地名大事典』講談社、2002
*17 日外アソシエーツ株式会社編『最新海外作家事典』第1版、新訂版、新訂第3版、新訂第4版、日外アソシエーツ、1985、1994、2002、2009
*18 森英俊編著『世界ミステリ作家事典』本格派篇、ハードボイルド・警察小説・サスペンス篇、国書刊行会、1998 〜 2003

*19『世界伝記大事典』1-12・総索引・日本・朝鮮・中国編、ほるぷ出版、1978 ~ 1981

6. チャートで考える世界文学その2

前回、世界文学について調べるためのプロセス1 ~ 3を紹介しましたので、今回は残りのプロセスについて説明してゆきます。

作品の評価などを調べる

プロセス（4）作品の評価などを調べるためには、『世界文学鑑賞辞典』[*1]があります。著名な作品は『集英社世界文学事典』[*2]にもあります。特定の作家の作品であれば、作家の事典や各国文学の案内書なども視野に入れて探すといいでしょう。翻訳書があればその巻末にある解説が参考になります。雑誌の論文などに書かれた評価を調べるには、『外国文学研究文献要覧』[*3]や国立国会図書館の「雑誌記事索引」、国立情報学研究所の「学術コンテンツポータル」[*4]で検索するといいでしょう。ただタイトルにずばり作品名と「評価」という2つのキーワードがあるのはまれで、作品研究の論文をリストアップして探すということになります。

分野別事典で調べる

プロセス（5）調べる対象の文学の分野が限定されている場合は、SF、ミステリーなど、個々の分野の事典を調べるといいでしょう。『SF大百科事典』[*5]、『世界ミステリー百科　ミステリーを創った世界の作家たち』[*6]、『海外ミステリー事典』[*7]、『幻想文学大事典』[*8]、『世界の幻想文学　総解説』[*9]、『世界の海洋文学　総解説』[*10]などがあります。さらに、『ファンタジー・ブックガイド』[*11]や、ややマニアックな分野では『ホラー小説大全　ドラキュラからキングまで』[*12]、『ドラキュラ文学館　吸血鬼小説大全』[*13]などもあります。

インターネット時代のレファレンス

用語事典など

　研究のためには、『最新文学批評用語辞典』[*14]、『コロンビア大学現代文学・文化批評用語辞典』[*15] のような用語に関するものがあります。『動物シンボル事典』[*16] など、文学に出てくる動物などの事典もあります。日本文学との比較研究には『比較文学研究文献要覧―日本近代文学と西洋文学一九四五〜一九八〇』[*17] があります。
　さて、ここで紹介したレファレンスブックで十分な回答が得られなかった場合は、国別の文学事典等を調べることになります。

国別・言語別などの事典を調べる

〈英語文学・英米文学〉
　レファレンスブックで数が多いのが英語で書かれた文学、あるいは英米文学です。『オックスフォード世界英語文学大事典』[*18] のように 25 カ国以上の英語で書かれた文学に関する事典のように世界を対象にしたものもあります。同様なものには『英語文学事典』[*19]、『20世紀英語文学辞典』[*20] があります。英米文学に関する事典で、全般的なものとしては、『研究社英米文学辞典』[*21]、『イギリス文学辞典』[*22]、『イギリス文学小事典』[*23]、『アメリカ文学作家作品事典』[*24]、『アメリカ文学研究資料事典―アメリカ研究図書解題』[*25] などがあります。
　時代や分野が限定されたものとしては、『現代の英米作家 100 人一九四五〜』[*26]、『アメリカ女性作家小事典』[*27]、『黒人作家事典』[*28]、『世界の黒人文学　アフリカ・カリブ・アメリカ』[*29] などがあります。
　年表には、『英米文学作家作品年表』[*30]、『最新イギリス文学史年表　翻訳書・研究書列記』[*31]、『最新アメリカ文学史年表　翻訳書・研究書列記』[*32] があります。
　さらに、文学作品に出てくる地名や動植物などに関する事典もあります。『イギリス文学地名事典』[*33]、『英米文学エピソード事典』[*34]、『イギリス・ロマン主義事典』[*35]、『英米文学用語辞典』[*36]、『アメリ

カの文学方言辞典―辞書にない語をひく』[37]、『英文学のための動物植物事典』[38]、『事典・イギリスの橋―英文学の背景としての橋と文化』[39]などです。

　個々の作家に関する事典等もあります。シェークスピア、ジェーン・オースティン、チャールズ・ディケンズ、トマス・ハーディー、ブロンテ姉妹、ルイス・キャロルなど多くのものがあります。

　英語で書かれた文学、英米文学を調べる場合は、以上のような順序で調べるといいでしょう。もちろん分野や地名などと質問内容がはっきりしていれば、該当する事典をまず手にします。

　その他の国の文学などについては、最近のものを中心に以下の注釈で紹介しておきますので参考にしてください。

　英語・英米文学以外の事典
　　〈ドイツ文学〉リンケ珠子著『ドイツ文学案内　代表的作家の生涯・主要作品・文学史年表・翻訳文献等の立体的便覧』増補改訂版、朝日出版社、2000
　　手塚富雄ほか著『ドイツ文学案内』増補、岩波書店（岩波文庫）、1993
　　鈴木隆雄編「オーストリア文学小百科」水声社、2004
　　〈フランス文学〉岩根久ほか編『フランス文学小事典』朝日出版社、2007
　　渡辺一雄ほか著『フランス文学案内』増補、岩波書店（岩波文庫）、1990
　　古屋健三ほか編『19世紀フランス文学事典』慶応義塾大学出版会、2000
　　『フランス語フランス文学専門家事典』日外アソシエーツ，1985
　　日本フランス語フランス文学会編『フランス文学辞典』白水社，1974
　　〈ギリシャ文学〉マイケル・マクローン著、甲斐明子ほか訳『ギリシア・ローマ古典』創元社、2000
　　高津春繁ほか著『ギリシア・ローマ古典文学案内』岩波書店、1985
　　〈ロシア文学〉小野理子ほか著『ロシア文学案内』岩波書店（岩波文庫）、2000
　　中沢敦夫著「ロシア詩鑑賞ハンドブック」群像社、2005
　　〈ブラジル文学〉田所清克ほか編『ブラジル文学事典』彩流社、2000
　　〈中国文学〉日外アソシエーツ編『中国古典文学案内』日外アソシエーツ、2004

インターネット時代のレファレンス

少し質問―文学作品を知っていますか？

　図書館員は本と人を結びつけることを基本において仕事をしています。本と人を結びつけるためには、まず本を知っていることが必要です。しかし、人が一生に読むことができる本の数は限られています。そのため図書館員は本の中身も読みますが、職業柄、ほかの読み方もして本に関する知識の量を増やす必要があります。利用者に聞かれたとき、読んでいなくても話を合わせるということも技術の1つとして持っていなくてはなりません。そこで、私が先輩からすすめられたのは図書館の目録を読むということでした。

　まず、どんな本が図書館に所蔵されているか、書名、著者名、出版社、出版年くらいは知っておこうというわけです。自分の館だけでなくほかの館、例えば国立国会図書館なども読みます。文学の分野では、名作と言われている作品にどのようなものがあって、その内容、あらすじはどのようなものなのか知っておくといいでしょう。先号で紹介した文学事典やあらすじ事典を読むというのも1つの方法です。

　そこで少し質問。次に挙げる文学作品①〜⑨のタイトルと著者を答えられますか？考えてみましょう。もちろん、気持ちとしてはこれくらいは知っていてほしい、というものです。

① 18世紀末のイギリス。ハートフォードシャー州の小さな村に住むベネット家には23歳の長女を頭に5人の娘がいる。ベネット夫人は5人の娘たちを結婚させることを一生の仕事と考えている。そこへ、ある日、空き家であったネザーフィールド荘にロンドンの金持ちで独身の青年が引っ越してくると言う噂が立った。ベネット夫人はさっそく、この青年に長女のジェーンを嫁がせようと決心した。

② ウエスト・エッグとニューヨークのちょうど真ん中あたり、自動車道路が鉄道線路に寄り添い4分の1マイルばかり並走する地点がある。そこは灰の谷間のようで、建物の壁に巨大な眼鏡の広告がある。

③ インドで育った少女が、両親が死んだためにイギリスの親戚の家に預けられ、そこで出会った少年の死んだ母親が愛した庭園を生き返らせることを通じて、少年の家庭の家族愛に……。

④ 孤児院から農家へやってきた赤い髪の少女アンが、美しい自然を舞台にすばらしい想像力とねばり強さで明るく成長していく感動の物語。(＊注　国立国際子ども図書館のデータベースから。もとは児童出協)

⑤ おおあわての白ウサギを追ってアリスが穴に飛びこむと、奇妙で不思議な冒険がはじまります。イギリス児童文学の古典。(＊注　設問④に同じ)

⑥ 学校の寄宿舎を舞台に、気が弱かったり、正義感あふれていたり、優しかったりする少年たちを生き生きと描いたドイツの名作文学。(＊注　設問④に同じ)

⑦ 浮浪児のハックと逃亡奴隷のジムが自由州めざして、ミシシッピー川を筏で下る。自在に生きるハックの冒険が生き生きと描かれます。(＊注　設問④に同じ)

⑧ パリのブルジョワ家庭の父と２人の息子の生涯を中心に、20世紀初頭のヨーロッパの歴史的激動と、それにゆれうごかされる個人の運命をえがいている。

　パリの厳格なカトリック教徒の家に育ったジャックは14歳。母はすでになく、社会事業家の父、伯母、従妹のジゼールと９歳年上の兄アントワーヌとのさびしい家庭のなかで、いつも孤独で多感な少年であった。彼はプロテスタントの自由で暖かな家庭で育ったダニエルにあこがれ……。

⑨　サマセット・モームが『読書案内』のなかで、「(Aという作品は)、最初から３分の２のあたりまでは、いままでに書かれたもっともすぐれた小説のひとつであると、わたしは考える。ところが、それから先があまり感心できない。それはきわめて特異な理由からそうなのである。(中略)というのは、それまで作者が、破廉恥で意志のつよい野心家としてえがいてきた人物が、

193

愚かにも自分の行為の結果を無視してまでこのような行動に出ようとは、信ずることができないからである。」と書いている。(*注　西川正身訳『読書案内』岩波書店、1997年、岩波文庫版95ページ)

コラムの答え

①は『プライドと偏見』(Pride & Prejudice)。『高慢と偏見』『自負と偏見』等とも訳されている。イギリス、ジェーン・オースティン作。②は『グレイト・ギャツビー』アメリカ、フィッツジェラルド作（翻訳はやはり今話題の村上春樹訳中央公論新社がオススメ）。③は、バーネット作『秘密の花園』。④は『赤毛のアン』カナダ、モンゴメリー作。文庫なら集英社文庫版で読んでほしいですね。3分の1を占める注釈が非常に面白い。⑤は『不思議の国のアリス』イギリス、ルイス・キャロル。⑥は『飛ぶ教室』ドイツ、ケストナー作。⑦は『ハックルベリー・フィンの冒険』アメリカ、マーク・トウェイン作。⑧は『チボー家の人々』フランス、マルタン・デュ・ガール作。⑨は『赤と黒』フランス、スタンダール作。モームの『世界の十大小説』（岩波書店、1979）には「このような行動に出ようとは、信ずることができない」という事情を詳しく書いてあります。この本の最初の小説の読み方のところだけでも、ぜひ読んでほしいものです。

*1 『世界文学鑑賞辞典』1-4（東京堂出版、1962-1967）
*2 『集英社世界文学事典』集英社、2002
*3 『20世紀文献要覧大系』編集部編『外国文学研究文献要覧1965-1974』、日外アソシエーツ、1977
*4 国立情報学研究所の「学術コンテンツポータル」http://ge.nii.ac.jp/genii/jsp/index.jsp
*5 ジョン・クルート編著、浅倉久志ほか訳「SF大百科事典」グラフィック社、1998
*6 ローベール・ドゥールズ著、小潟昭夫監訳『世界ミステリー百科　ミステリーを創った世界の作家たち』JICC出版局、1992
*7 権田萬治監修『海外ミステリー事典』新潮社、2000
*8 ジャック・サリヴァン編、高山宏、風間賢二日本版監修『幻想文学大事典』

資　料

　　国書刊行会、1999
*9 『世界の幻想文学　総解説』[1994]改訂版、自由国民社、1998
*10 小島敦夫編著『世界の海洋文学　総解説』改訂版、自由国民社、1994
*11 石堂藍著『ファンタジー・ブックガイド』国書刊行会、2003
*12 風間賢二著『ホラー小説大全　ドラキュラからキングまで』角川書店、1997
*13 別冊幻想文学『ドラキュラ文学館　吸血鬼小説大全』幻想文学出版局、1993
*14 川口喬一、岡本靖正編『最新文学批評用語辞典』、研究社出版、1998
*15 ジョゼフ・チルダーズ、ゲーリー・ヘンツィ編、杉野健太郎ほか訳「コロンビア大学現代文学・文化批評用語辞典」松柏社，1998
*16 ジャン・ポール・クレベール著、竹内信夫ほか訳『動物シンボル事典』大修館書店、1989
*17 富田仁編『比較文学研究文献要覧　日本近代文学と西洋文学1945〜1980』日外アソシエーツ、1984
*18 ジェニー・ストリンガー編、浦谷計子ほか訳『オックスフォード世界英語文学大事典』DHC、2000
*19 木下卓ほか編『英語文学事典』ミネルヴァ書房、2007
*20 上田和夫ほか編『20世紀英語文学辞典』研究社、2005
*21 斎藤勇ほか編『研究社英米文学辞典』第3版、研究社、1985
*22 上田和夫編『イギリス文学辞典』研究社、2004
*23 深沢俊ほか編『イギリス文学小事典』北星堂書店、1989
*24 D.L.Kirkpatrick編『アメリカ文学作家作品事典』本の友社、1991
*25 常松正雄ほか編『アメリカ文学研究資料事典　アメリカ研究図書解題』南雲堂、1994
*26 大平章ほか編著『現代の英米作家100人　1945-』鷹書房弓プレス、1997
*27 前田絢子ほか著『アメリカ女性作家小事典』雄松堂出版、1993
*28 木内徹編『黒人作家事典』鷹書房弓プレス、1996
*29 加藤恒彦ほか編『世界の黒人文学　アフリカ・カリブ・アメリカ』鷹書房弓プレス、2000
*30 小倉多加志〔ほか〕共編『英米文学作家作品年表』南雲堂、1983
*31 笠原勝朗著『最新イギリス文学史年表　翻訳書・研究書列記』こびあん書房、1995
*32 笠原勝朗著『最新アメリカ文学史年表　翻訳書・研究書列記』こびあん書房、1995
*33 定松正ほか編『イギリス文学地名事典』研究社出版、1992
*34 ロバート・ヘンドリクソン著、横山徳爾訳『英米文学エピソード事典』北星堂書店、1988

インターネット時代のレファレンス

*35 松島正一著『イギリス・ロマン主義事典』北星堂書店、1995
*36 マーティン・グレイ著、丹羽隆昭訳『英米文学用語辞典』ニューカレントインターナショナル、1990
*37 沢田啓也編著『アメリカの文学方言辞典　辞書にない語をひく』オセアニア出版、1984
*38 ピーター・ミルワード著、中山理訳『英文学のための動物植物事典』大修館書店、1990
*39 三谷康之著『事典・イギリスの橋　英文学の背景としての橋と文化』日外アソシエーツ、2004

参考文献 図書及び雑誌論文

凡　例

①図書は 2004 年以降、雑誌論文は 2007 年以降に発表された図書、雑誌論文のうち、レファレンスサービスに関するものを対象にした。図書、雑誌論文に分け、それぞれ発表が新しいものから順に並べた。

②図書は書名、編著者名、出版社、出版年、シリーズ名の順、雑誌論文は、タイトル名、著者名、掲載雑誌名、巻号（通号）、刊年月の順。

③本文で紹介したもの及びテキスト類は除いた。

④雑誌論文はおもなものである。

⑤掲載したものの他に雑誌の連載として、(a) 図書館雑誌に「れふぁれんす三題噺」が毎号掲載されている。(b)図書館の学校発行の『図書館の学校』（→現在『あうる』）に通号第 64 号（2005 年 4 月）からほぼ毎号「大串夏身のチャートで考えるレファレンスツールの活用」が掲載されている。(c)『あうる』の通号第 79 号から「高田高史のレファレンスひろば」が毎号掲載されている。

図　書

文献調査法 調査・レポート・論文作成必携 / 毛利和弘 -- 第 4 版 . -- 毛利和弘（発売）日本図書館協会 , 2010.7

レファレンス研究分科会報告 . [2002-2003] － [2008-2009] / 私立大学図書館協会東地区部会研究部レファレンス研究分科会 . -- 私立大学図書館協会東地区部会研究部レファレンス研究分科会 ,2004.3 － 2010.3

利用者志向のレファレンスサービス / 齋藤泰則 . -- 勉誠出版 , 2009.11. -- （ネットワーク時代の図書館情報学）

レファレンスサービスのための主題・主題分析・統制語彙 / 愛知淑徳大学図書館 [他]. -- 勉誠出版 , 2009.3

レファレンス記録 . 2 － 6（2007.4-2008.3）. -- 斑鳩町立図書館 , 2004.9 － 2008.12

あるライブラリアンの記録 / 豊後レイコ [他]. -- 女性図書館職研究会 , 2008.2. -- （シリーズ私と図書館 ; no.1）

レファレンスの杜 . 続 / 東京都公文書館 . -- 東京都公文書館 , 2008.3. -- （都史紀要 ; 40）

岩手県内レファレンス事例集 / 岩手県立図書館 . -- 岩手県立図書館 , [2008]

レファレンス協同データベース事業調べ方マニュアルデータ集 / 国立国会図書館関西館 . -- 日本図書館協会 , 2007.7

レファレンスの道具箱 . 平成 18 年度 / 山梨県立図書館企画調査課 . -- 山梨県立図書館企画調査課 , 2007.3

インターネット時代のレファレンス

問題解決のためのレファレンスサービス / 長澤雅男 , 石黒祐子 . -- 新版 . -- 日本図書館協会 , 2007.4

図書館の情報サービス（レファレンス・サービス）に関する調査報告書 / 日本図書館協会 . -- 日本図書館協会 , 2006.3

図書館のプロが教える〈調べるコツ〉/ 浅野高史 , かながわレファレンス探検隊 . -- 柏書房 , 2006.9

レファレンス協同データベース事業データ作成・公開に関するガイドライン / 国立国会図書館関西館事業部 . -- 日本図書館協会 , 2006.6

高岡市立図書館レファレンス事例集 . 第 2 集 / 高岡市立中央図書館 . -- 高岡市立中央図書館 , 2006.3

小・中学校からのレファレンス事例集 . 2005 年版 / 富山県図書館協会 . -- 富山県図書館協会 , 2006.3

公立図書館におけるレファレンスサービスに関する報告書 . 2003 年度－ 2005 年度 / 全国公共図書館協議会 . -- 全国公共図書館協議会 , 2006.3

レファレンス研究分科会報 . 2004-2005 / 私立大学図書館協会東地区部会研究部レファレンス研究分科編集委員会 . -- 私立大学図書館協会東地区部会研究部レファレンス研究分科会 , 2004.3 － 2006.3

レファレンス協同データベース事業データ作成・公開に関するガイドライン / 国立国会図書館関西館事業部 . -- 国立国会図書館関西館事業部 , 2006.2

統計資料と情報源 / 加藤浩 . -- 全国都道府県議会議長会事務局 , 2005.2. -- （議会職員執務資料シリーズ ; no.394）

レファレンスサービス研究 / レファレンス研究会 . -- レファレンス研究会 , 2005.3

高岡市立図書館レファレンス事例集 / 高岡市立中央図書館館内サービス担当 . -- 高岡市立中央図書館館内サービス担当 , 2005.2

実践型レファレンス・サービス入門 / 斎藤文男 , 藤村せつ子 . -- 日本図書館協会 , 2004.7. -- （JLA 図書館実践シリーズ ; 1）

雑誌論文

Q&A サイトと公共図書館レファレンスサービスの正答率比較 / 辻 慶太 ; 椋原 衣恵 ; 木川田 朱美 他 図書館界 . 61（6）（通号 351）[2010.3]

『国立西洋美術館展覧会総覧 1960-2009』について -- 展覧会レファレンス・ツール作成の試み / 川口 雅子 アート・ドキュメンテーション研究 .（17）[2010.3]

『燕石十種』レファレンス索引（衣・食・住・生業編）-- 中央公論社本をもとに / 栗原 智久 東京都江戸東京博物館研究報告 .（16）[2010.3]

レファレンスでの図書館員育成（特集 図書館員を育てる、図書館員が育つ）/ 斎藤 文男 みんなの図書館 .（通号 392）[2009.12]

参考文献

レファレンス記事索引 696 〜 707 号(2009 年 1 〜 12 月) レファレンス . 59 (12)(通号 707) [2009.12]

教育講演 医学系レファレンスの協働 (特集 日本病院ライブラリー協会 2008 年度第 2 回研修会) / 牛澤 典子 ほすぴたるらいぶらりあん . 34(1)(通号 120) [2009.3]

インターネットにより図書館サービスを全域に提供 -- 上海図書館のネットレファレンスサービスをモデルに (特集・第 6 回国際図書館学セミナー 全域サービス -- 第一線の図書館サービスをめざして) / 鮑 延明 図書館界 . 60(6)(通号 345) [2009.3]

「レファレンス協同データベース事業」について [含 質疑応答] / 小篠 景子 短期大学図書館研究 . (29) [2009]

レファレンス・サービスの評価の枠組みとレファレンス・サービスの質の評価法 / 石原 眞理 Library and information science. (61) [2009]

専門図書館の今日的レファレンスサービス 専門図書館 . (236) [2009]

東京都立中央図書館都市・東京情報係のレファレンスサービス (専門図書館の今日的レファレンスサービス) / 小山 響子 専門図書館 . (236) [2009]

化粧文化を身近なものに ポーラ文化研究所のレファレンス (専門図書館の今日的レファレンスサービス) / 富澤 洋子 専門図書館 . (236) [2009]

レファレンス協同データベース事業に参加して (専門図書館の今日的レファレンスサービス) / 粟屋 久子 専門図書館 . (236) [2009]

サギノーバレー州立大学図書館におけるチャットレファレンスサービス -- オンラインコースの学生とオフキャンパスの学生に対して / 阿部 悦子 四国大学紀要 . (33) [2009]

レファレンス記事索引 684 〜 695 号(2008 年 1 〜 12 月) レファレンス . 58 (12)(通号 695) [2008.12]

レポート作成とレファレンス資料の利用 / 石橋 民生 広島文教女子大学紀要 . 43 [2008.12]

分科会 2 レファレンス Q&A (特集 日本病院ライブラリー協会 2008 年度第 1 回研修会) ほすぴたるらいぶらりあん . 33(3)(通号 118) [2008.9]

レファレンスサービスと情報リテラシー教育 -- 国公私立大学図書館の取り組み事例 (2007 年度 [私立大学図書館協会] 東地区研究部 研究会分科会報告大会) / 小圷 守 ; 竹澤 弘恵 ; 中澤 惠子 他 私立大学図書館協会会報 . (通号 130) [2008.9]

わが国の市町村立図書館におけるレファレンスサービスの利用者に関する既往調査の傾向 / 杉江 典子 日本図書館情報学会誌 . 54(2)(通号 174) [2008.6]

ハイブリッドライブラリー時代のレファレンスサービスに呼応する司書養成教育 / 原田 智子 鶴見大学紀要 . 第 4 部 , 人文・社会・自然科学編 . (45)

インターネット時代のレファレンス

[2008.3]
レファレンスサービスをパワーアップするレファレンスナビの開発 -- 図書館情報資源と web 情報資源の統合的利用（[私立短期大学図書館協議会] 全国総会講演）/ 清田 陽司　短期大学図書館研究．(28) [2008]

特集 レファレンス・カウンター　病院図書館．28（4）[2008]

レファレンスのためのインタビュー術 --3C 能力をもつインフォプロを目指して（特集 レファレンス・カウンター）/ 岡 紀子　病院図書館．28（4）[2008]

人材派遣・業務委託における研修制度 -- レファレンス育成を通じたサービス向上への取り組み（特集 レファレンス・カウンター）/ 木村 麻美子　病院図書館．28（4）[2008]

国内における Web 上パスファインダーの現況調査 / 伊藤 白；小澤 弘太　情報の科学と技術．58（7）[2008]

特集：レファレンス再考　情報の科学と技術．58（7）[2008]

自動レファレンスサービスにむけて（特集：レファレンス再考）/ 増田 英孝；清田 陽司；中川 裕志　情報の科学と技術．58（7）[2008]

レファレンス再考（特集：レファレンス再考）/ 田村 俊作　情報の科学と技術．58（7）[2008]

インターネットでレファレンス -- 国立国会図書館作成レファレンスツールを使って（特集 :[平成 20 年度専門図書館協議会] 全国研究集会 京都からのメッセージ -- 成長するライブラリアンへ）--（第 6 分科会 :NDL データベース紹介 in 関西館）/ 木村 祐佳　専門図書館．(232) [2008]

現場からの提言 レファレンスサービス 12 年間の軌跡 -- 豊田市中央図書館での経験から / 安田 聡　図書館界．59（3）（通号 336）[2007.9]

講演 ハイブリッド環境下におけるレファレンスサービス支援ツールの開発（2006 年度 [私立大学図書館協会] 東地区部会 館長会、研究講演会）/ 田村 俊作　私立大学図書館協会会報．（通号 128）[2007.9]

公共図書館における健康分野のレファレンスブック所蔵状況調査 / 杉江 典子　現代の図書館．45（3）（通号 183）[2007.9]

病院情報に関するレファレンスブックの出版傾向と「病院ランキング本」の評価 / 杉江 典子　文化情報学．14（1）[2007.6]

図書館における自動レファレンスサービスシステムの実現 --Web 上の二次情報と図書館の一次情報の統合（情報学基礎・デジタルドキュメント・学生チャレンジ特集）/ 田村 悟之；清田 陽司；増田 英孝 他　情報処理学会研究報告．2007（34）[2007.3.27]

新たなレファレンス評価への一試論 / 田村 行輝　神奈川県立図書館紀要．(7) [2007.2]

現場からの提言 レファレンス協同データベースへの招待状 / 宮川 陽子　図書館界．58（5）（通号 332）[2007.1]

あるレファレンスで感じた事 / 小木曽 眞 中京大学図書館学紀要 . (28) [2007]
レファレンス・インタビュー -- インタビュースキルと環境 / 矢崎 美香 図書館学 . (通号 91) [2007]
デジタル環境の進展による図書館と利用者との関係の変容 -- レファレンスサービスの仲介的機能の展開を中心に（特集：デジタルコンテンツの進展と図書館）/ 齋藤 泰則 情報の科学と技術 . 57（9）[2007]
米国大使館 / アメリカンセンター・レファレンス資料室（特集：大使館・各国ライブラリーで世界を知る）/ 笠 優子 専門図書館 . (226) [2007]
BPI における資料の組織化とレファレンス（特集 BPI セミナー ポンピドーセンター公共情報図書館（BPI）のもたらしたもの --30 年の軌跡と日本）/ 永野 友紀子 日仏図書館情報研究 . (33) [2007]
事例発表 都立中央図書館におけるレファレンス・ツールについて（「創造」未来の図書館サービス -- 守礼の邦で英知の結集を（サービス部門研究集会））/ 金子 寛 全国公共図書館研究集会報告書 . 2007 年度
レファレンスツールデータベース化の試み（平成 19 年度関東地区公共図書館協議会研究集会報告書）--（研究発表大会）/ 佐藤 智子 関東地区公共図書館協議会研究集会報告書 . 2007 年度

5-9-1 ～ 5-9-4 の参考図書等

ホームページ担当者が知らないと困る Web サイト構築・運営の常識 / 佐藤和明 . -- 増補改訂 3 版 . -- ソシム , 2009.8
初・中級者のためのパソコン・IT・ネット用語辞典基本＋最新キーワード 1100 / アスキー書籍編集部 , オフィス加減 . -- アスキー・メディアワークス , 2010.3
情報メディアの活用と展開 / 中山伸一 . -- 改訂版 . -- 青弓社 , 2009.3. -- (学校図書館図解・演習シリーズ ; 1)
参考 Web サイト
国立国会図書館 http://www.ndl.go.jp/
千代田区立図書館 http://www.library.chiyoda.tokyo.jp/
六本木ライブラリー アカデミーヒルズ http://www.academyhills.com/library/
オーディオブック FeBe http://www.febe.jp/

インターネット時代のレファレンス

URL 一覧

凡　例
①本文中のサイト、ページを対象に作成した。
②アルファベット、日本語の順として、アルファベットはa、b、c順、日本語は50音順に並べた。
③サイト・ページ名とURLのみとした。

A&E Television Networks―Biography.com　http://www.biography.com/
amazon　　http://www.amazon.co.jp/
American Psychological Association―PsycINFO　　http://www.apa.org/pubs/databases/psycinfo/index.aspx
ARIADNE　http://www.ariadne.jp/
Book Town じんぼう　http://jimbou.info/
Dialog LLC―DataStar　http://www.dialog.com/products/productline/datastar.shtml
Dialog LLC―Dialog　http://www.dialog.com/products/productline/dialog.shtml
Dictionaries' Dictionary　http://www.saglasie.com/tr/edic/
Dictionaries' Dictionary Search（オンライン辞書編）　http://www.saglasie.com/bin/dict.dll
EBSCO Publishing―EBSCOhost　http://search.ebscohost.com/
Elsevier―SCIRUS-for scientific information only　　http://www.scirus.com/

Encyclopædia Britannica―ENCYCLOPÆDIA Britannica　　http://www.britannica.com/
ERIC―ERIC：Education Resources Information Center　　http://www.eric.ed.gov/
European Patent Office―esp@cenet　　http://www.epo.org/patents/patent-information/free/espacenet.html
excite. 辞書　http://www.excite.co.jp/dictionary/
Farlex―THE FREE DICTIONARY　　http://www.thefreedictionary.com/
FeBe（オーディオブック）　http://www.febe.jp/
GAKUFU NET―楽譜ネット　http://www.gakufu.ne.jp/GakufuNet/
goo http://www.goo.ne.jp/
goo 音楽　　http://music.goo.ne.jp/

URL 一覧

goo 辞書　　　http://dictionary.goo.ne.jp/
goo の地図サービス　　　http://map.goo.ne.jp/index.html
Google　　　http://www.google.co.jp/
Google Earth　http://earth.google.com/intl/ja/
Google Scholar　　　http://scholar.google.co.jp/
Google ブックス　　　http://books.google.co.jp/
Healthline Network―Healthline　　http://www.healthline.com/
Ingenta―IngentaConnect　　　http://www.ingentaconnect.com/
Internet Archive―TEXT ARCHIVE　　　http://www.archive.org/details/texts
ISO―ISO International Organization for Standardization　　　http://www.iso.org/iso/home.html
iTunes　　　http://www.apple.com/jp/itunes/
J-TEXTS 日本文学電子図書館　　　http://www.j-texts.com/
John Malyon ／ Artcyclopedia―ART CYCLOPEDIA　　　http://www.artcyclopedia.com/
kotoba.ne.jp―翻訳と辞書：翻訳のためのインターネットリソース　　http://www.kotoba.ne.jp/
Livedoor　　　http://www.livedoor.com/
MARQUIS Who'sWho―Marquis Who's Who on the Web　　　http://www.marquiswhoswho.com/online-database
Meteo―メディカルオンライン　　　http://www.meteo-intergate.com/
MINC―music Forest（音楽の森）http://www.minc.gr.jp/
MSN　　　http://jp.msn.com/
NCBI―Entrez,The Life Sciences Search Engine　　　http://www.ncbi.nlm.nih.gov/gquery/gquery.fcgi?itool=toolbar
NCBI ／ NLM ／ NIH―PubMed　http://www.ncbi.nlm.nih.gov/pubmed
NIH―PubMedCentral　　http://www.ncbi.nlm.nih.gov/pmc/
NTT レゾナント　　　http://www.nttr.co.jp/
NTT レゾナント―環境 goo　　　http://eco.goo.ne.jp/
Oxford University Press―Oxford English Dictionary　　http://www.oed.com/
Pharma Friend―おくすり 110 番　　http://www.jah.ne.jp/~kako/
PHP 研究所―人名事典　　http://www.php.co.jp/fun/people/
ProQuest―ProQuest　　　http://www.proquest.asia/ja-JP/
S9.com―Biographical Dictionary　http://www.s9.com/
The British Library―Integrated Catalogue　　　http://catalogue.bl.uk/F/?func=file&file_name=login-bl-list
The Library of Congress Online Catalog　　　http://catalog.loc.gov/

インターネット時代のレファレンス

The Library of Congress／UNESCO―World Digital Library　http://www.wdl.org/en/
Thomson ISI―ISI HighlyCited.com　　http://isihighlycited.com/
U.S.Department of Energy―WorldWideScience.org
　http://worldwidescience.org/
University of Leeds―British Education Index　　http://www.leeds.ac.uk/bei/index.html
Wikimedia Foundation―Wikipedia（ウィキペディア）http://ja.wikipedia.org/wiki/%E3%83%A1%E3%82%A4%E3%83%B3%E3%83%9A%E3%83%BC%E3%82%B8
WorldCat　　http://www.worldcat.org/
WorldLII（World Legal Information Institute）　　http://www.worldlii.org/
WSSN―World Standards Services Network　http://www.wssn.net/WSSN/index.html
Yahoo! Inc.　　http://www.yahoo.com/
Yahoo! Inc.―Newspapers　　http://dir.yahoo.com/News_and_Media/Newspapers/
Yahoo! Inc.―Yahoo! Directory-News and Media　　http://dir.yahoo.com/news_and_media/
Yahoo! JAPAN　　http://www.yahoo.co.jp/
Yahoo! 辞書　http://dic.yahoo.co.jp/
Yahoo! 天気予報　　http://weather.yahoo.co.jp/weather/
Yahoo! ニュース　　http://headlines.yahoo.co.jp/hl
Yahoo! の地図サービス　http://map.yahoo.co.jp/
Yahoo! 百科事典　　http://100.yahoo.co.jp/
Yahoo! ビジネスセンター　　http://business.yahoo.co.jp/
Yahoo! ファイナンス　　http://finance.yahoo.co.jp/
Zassi.net　　http://www.zassi.net/
青空文庫―青空文庫　　http://www.aozora.gr.jp/
秋田魁新報記事見出し検索データベース　　http://libnews.apl.pref.akita.jp/SearchSakigake.asp
朝日新聞　　http://www.asahi.com/
朝日新聞―聞蔵　　http://database.asahi.com/library/
朝日新聞―聞蔵Ⅱビジュアル for Libraries　http://database.asahi.com/library2/
朝日新聞社・ECナビ―kotobank.jp　　http://kotobank.jp/
医学中央雑誌刊行会―医中誌 Web http://login.jamas.or.jp/

URL 一覧

医薬品医療機器総合機構　　　http://www.pmda.go.jp/
医薬品医療機器総合機構―医薬品医療機器情報提供ホームページ
　　http://www.info.pmda.go.jp/
ウェブリオ―Weblio 辞書　　　http://www.weblio.jp/
ウエストロー・ジャパン―Westlaw Japan　http://www.westlawjapan.com/
大阪府立中之島図書館　http://www.library.pref.osaka.jp/nakato/
大宅壮一文庫―Web OYA-bunko 雑誌記事索引検索　　http://www.oya-bunko.com/
科学技術振興機構　　http://www.jst.go.jp/
科学技術振興機構―J-STAGE　　http://www.jstage.jst.go.jp/browse/-char/ja
科学技術振興機構―J-STORE　　http://jstore.jst.go.jp/
科学技術振興機構―JDream Ⅱ　　http://pr.jst.go.jp/jdream2/
科学技術振興機構―Journal@rchive　　http://www.journalarchive.jst.go.jp/japanese/
科学技術振興機構―JST 資料所蔵目録　　http://opac.jst.go.jp/
科学技術振興機構―ReaD 研究開発支援総合ディレクトリ　　http://read.jst.go.jp/
科学技術振興機構―SciencePortal　http://scienceportal.jp/
科学技術振興機構―科学技術総合リンクセンター J-GLOBAL　　http://jglobal.jst.go.jp/
科学技術振興機構―科学技術文献速報　　http://ninsho.jst.go.jp/bunsokuLoginID.html
科学技術振興機構―中国文献データベース（JSTChina）　　http://www.spc.jst.go.jp/database/
外務省　　http://www.mofa.go.jp/mofaj/
外務省―各国・地域情勢　　http://www.mofa.go.jp/mofaj/area/index.html
紀伊國屋書店 Bookweb　http://bookweb.kinokuniya.co.jp/
京都大学人文科学研究所附属東アジア人文情報学研究センター―全國漢籍データベース　　http://www.kanji.zinbun.kyoto-u.ac.jp/kanseki
金融庁　　http://www.fsa.go.jp/
金融庁―EDINET　　http://info.edinet-fsa.go.jp/
国立音楽大学附属図書館―KCML WEBOPAC　　https://www.lib.kunitachi.ac.jp/wopac/Webopac.html
慶應義塾大学―慶應アーカイブ　　http://www.mita.lib.keio.ac.jp/archives/
建築情報 .net　http://www.kentikulink.net/
神戸大学附属図書館　　http://www.lib.kobe-u.ac.jp/www/
神戸大学附属図書館―新聞記事文庫　　http://www.lib.kobe-u.ac.jp/

sinbun/
国際子ども図書館　　http://www.kodomo.go.jp/index.jsp
国際子ども図書館―児童書総合目録　　http://www.kodomo.go.jp/resource/search/toc.html
国際子ども図書館―児童書デジタル・ライブラリー　　http://kodomo4.kodomo.go.jp/web/ippangz/html/TOP.html
国土交通省　　http://www.mlit.go.jp/
国土地理院　　http://www.gsi.go.jp/
国土地理院―GIS・国土の情報　　http://www.gsi.go.jp/gis.html
国土地理院―ウォッちず（地図閲覧サービス）　　http://watchizu.gsi.go.jp/
国土地理院―古地図コレクション　http://kochizu.gsi.go.jp/HistoricalMap/
国土地理院―地図・空中写真・地理調査　　http://www.gsi.go.jp/tizu-kutyu.html
国文学研究資料館　　http://www.nijl.ac.jp/
国文学研究資料館―電子資料館　　http://www.nijl.ac.jp/contents/d_library/
国文学研究資料館―日本古典籍総合目録　　http://base1.nijl.ac.jp/~tkoten/about.html
国文学研究資料館―日本古典文学本文データベース　　http://base3.nijl.ac.jp/Rcgi-bin/hon_home.cgi
国立医薬品食品衛生研究所　　http://www.nihs.go.jp/index-j.html
国立医薬品食品衛生研究所―医薬品・医療機器　　http://www.nihs.go.jp/kanren/iyaku.html
国立印刷局　　http://www.npb.go.jp/
国立印刷局―官報情報検索サービス　　https://search.npb.go.jp/
国立環境研究所　　http://www.nies.go.jp/
国立教育政策研究所　　http://www.jpo.go.jp/indexj.htm
国立教育政策研究所―教育研究情報データベース　　http://www.nier.go.jp/database/
国立健康・栄養研究所　　http://www.nih.go.jp/eiken/
国立公文書館　　http://www.archives.go.jp/
国立公文書館―国立公文書館デジタルアーカイブ　　http://www.digital.archives.go.jp/
国立国会図書館　　http://www.ndl.go.jp/
国立国会図書館―NDL-OPAC　　http://opac.ndl.go.jp/index.html
国立国会図書館―PORTA 国立国会図書館デジタルアーカイブポータル　　http://porta.ndl.go.jp/
国立国会図書館―インターネット資料収集保存事業　　http://warp.da.ndl.

URL 一覧

go.jp/search/
国立国会図書館―オンラインサービスの一覧 URL　http://www.ndl.go.jp/jp/service/online_service.html
国立国会図書館―貴重書画像データベース　http://rarebook.ndl.go.jp/pre/servlet/pre_com_menu.jsp
国立国会図書館―近代デジタルライブラリー　http://kindai.ndl.go.jp/
国立国会図書館―議会官庁資料室　http://rnavi.ndl.go.jp/politics/index.php
国立国会図書館―国会会議録検索システム　http://kokkai.ndl.go.jp/
国立国会図書館―最近の参考図書　http://rnavi.ndl.go.jp/sanko/
国立国会図書館―雑誌記事索引　http://opac.ndl.go.jp/Process
国立国会図書館―調べ方案内「産業情報ガイド」　http://rnavi.ndl.go.jp/research_guide/cat366/
国立国会図書館―全国新聞総合目録データベース　http://sinbun.ndl.go.jp/
国立国会図書館―総合目録ネットワークシステム　http://unicanet.ndl.go.jp/psrch/redirect.jsp?type=psrch
国立国会図書館―帝国議会会議録　http://teikokugikai-i.ndl.go.jp/
国立国会図書館―点字図書・録音図書全国総合目録　http://opac.ndl.go.jp/Process
国立国会図書館―データベース・ナビゲーション・サービス（Dnavi）　http://dnavi.ndl.go.jp/bnnv/servlet/bnnv_user_top.jsp
国立国会図書館―電子展示会　http://www.ndl.go.jp/jp/gallery/
国立国会図書館―日本全国書誌　http://www.ndl.go.jp/jp/publication/jnbwl/jnb_top.html
国立国会図書館―日本法令索引　http://hourei.ndl.go.jp/SearchSys/
国立国会図書館―日本法令索引〔明治前期編〕　http://dajokan.ndl.go.jp/SearchSys/index.pl
国立国会図書館―リサーチ・ナビ　http://rnavi.ndl.go.jp/rnavi/
国立国会図書館―レファレンス協同データベース　http://crd.ndl.go.jp/jp/public/
国立情報学研究所　http://www.nii.ac.jp/
国立情報学研究所―Academic Society Home Village／学協会情報発信サービス　http://wwwsoc.nii.ac.jp/
国立情報学研究所―CiNii（NII論文情報ナビゲータ）http://ci.nii.ac.jp/
国立情報学研究所―GeNii（NII学術コンテンツ・ポータル）　http://ge.nii.ac.jp/genii/jsp/index.jsp
国立情報学研究所―JAIRO（学術機関リポジトリポータル）　http://jairo.nii.ac.jp/
国立情報学研究所―KAKEN（科学研究費補助金データベース）http://kaken.

nii.ac.jp/
国立情報学研究所—NII-DBR（学術研究データベース・リポジトリ）
http://dbr.nii.ac.jp/infolib/meta_pub/G9200001CROSS
国立情報学研究所—NII-REO（NII 電子ジャーナルリポジトリ）http://reo.nii.ac.jp/journal/HtmlIndicate/html/index.html
国立情報学研究所—Webcat Plus（国立情報学研究所）http://webcatplus.nii.ac.jp/
国立情報学研究所—オンライン学術用語集　http://sciterm.nii.ac.jp/cgi-bin/reference.cgi
国立情報学研究所—学協会情報発信サービス　http://wwwsoc.nii.ac.jp/
国立情報学研究所—学術コンテンツポータル　http://ge.nii.ac.jp/genii/jsp/index.jsp
国立情報学研究所—学術用語対訳/類語オンライン辞書　http://mic.ex.nii.ac.jp/dict/index_j.html
国立情報学研究所—文化遺産オンライン　http://bunka.nii.ac.jp/Index.do;jsessionid=72B37FF047F693FCA840EE4A3B07C607
国立女性教育会館　http://www.nwec.jp/
国立女性教育会館—女性情報ポータル Winet　http://winet.nwec.jp/navi/
国立美術館　http://www.artmuseums.go.jp/
国立美術館—所蔵作品総合目録検索システム　http://search.artmuseums.go.jp/
国立民族学博物館　http://www.minpaku.ac.jp/museum/event/performance100509.html
国立歴史民俗博物館　http://www.rekihaku.ac.jp/
雇用・能力開発機構　http://www.ehdo.go.jp/
雇用・能力開発機構—キャリア情報ナビ　http://www.ehdo.go.jp/career_navi/index.html
裁判所　http://www.courts.go.jp/index.html
裁判所—裁判例情報　http://www.courts.go.jp/search/jhsp0010?action_id=first&hanreiSrchKbn=01
ジー・サーチ—G-Search データベースサービス　http://db.g-search.or.jp/
実践女子大学図書館—実践女子大学 DB 横断検索　http://jcross.jissen.ac.jp/libmeta/index.html
ジャスダック証券取引所—JASDAQ　http://www.jasdaq.co.jp/
私立大学図書館協会東地区部会研究部企画広報研究分科会—パスファインダーバンク　http://www.jaspul.org/e-kenkyu/kikaku/pfb/pfb_frameset.htm

URL 一覧

食品産業センター　　　http://www.shokusan.or.jp/
食品産業センター――HACCP 関連情報データベース　　http://www.shokusan.or.jp/haccp/
新書マップ　http://shinshomap.info/
スティングレイ――allcinema ONLINE　　http://www.allcinema.net/prog/index2.php
全国社会福祉協議会　　http://www.shakyo.or.jp/
想 IMAGINE Book Search　　http://imagine.bookmap.info/index.jsp
総務省――子ども向けページ集（電子政府の総合窓口）　http://www.e-gov.go.jp/link/kids/index.html
総務省――個別行政分野データベース（電子政府の総合窓口）　　http://www.e-gov.go.jp/link/database/index.html
総務省――電子政府の総合窓口 e-Gov　　http://www.e-gov.go.jp/
総務省――法令外国語訳データベース　　http://www.japaneselawtranslation.go.jp/
総務省――法令データ提供システム　http://law.e-gov.go.jp/cgi-bin/idxsearch.cgi
総務省統計局　http://www.stat.go.jp/
総務省統計局――e-Stat 政府統計の総合窓口　http://www.e-stat.go.jp/SG1/estat/eStatTopPortal.do
総務省統計局――外国政府の統計機関　　http://www.stat.go.jp/info/link/5.htm
総務省統計局――世界の統計　　http://www.stat.go.jp/data/sekai/index.htm
総務省統計局――統計関係リンク集　http://www.stat.go.jp/info/link/index.htm
総務省統計局――日本統計年鑑　　http://www.stat.go.jp/data/nenkan/
総務省統計局――日本の長期統計系列　　http://www.stat.go.jp/data/chouki/index.htm
地方自治情報センター　http://www.lasdec.nippon-net.ne.jp/cms/index.html
地方自治情報センター――全国自治体マップ検索　　http://www.lasdec.nippon-net.ne.jp/cms/1,0,69.html
中小企業基盤整備機構　http://www.smrj.go.jp/
中小企業基盤整備機構――J-Net21 中小企業ビジネス支援サイト　http://j-net21.smrj.go.jp/
千代田区立図書館　　http://www.library.chiyoda.tokyo.jp/
千代田区立図書館――千代田 Web 図書館　　https://weblibrary-chiyoda.com/
筑波大学附属図書館――Tulips　　http://www.tulips.tsukuba.ac.jp/mytulips/
帝国データバンク　　http://www.tdb.co.jp/index.html
東京学芸大学等教育系大学――教育系サブジェクトリポジトリポータル　http://ir.u-gakugei.ac.jp/edu-rp/

インターネット時代のレファレンス

東京学芸大学附属図書館　　　　　https://library.u-gakugei.ac.jp/top.html
東京学芸大学附属図書館―E-TOPIA　　https://library.u-gakugei.ac.jp/etopia/top.html
東京芸術大学附属図書館　　　　　http://www.lib.geidai.ac.jp/
東京芸術大学附属図書館―リンク集（学習・研究用リンク集）　http://www.lib.geidai.ac.jp/link.html
東京出版販売（トーハン）―e-hon　　http://www.e-hon.ne.jp/bec/EB/Top
東京証券取引所グループ―東京証券取引所　http://www.tse.or.jp/
東北大学附属図書館　　　　http://tul.library.tohoku.ac.jp/
東北大学附属図書館―狩野文庫画像データベース　　http://dbr.library.tohoku.ac.jp/infolib/meta_pub/G0000002kano
東北大学附属図書館―学術情報リンク集　　http://www.library.tohoku.ac.jp/search/link/
特許庁・工業所有権情報・研修館―IPDL特許電子図書館　　http://www.inpit.go.jp/ipdl/index.html
特許庁　　　http://www.jpo.go.jp/
特許庁―諸外国の特許庁ホームページ　　http://www.jpo.go.jp/kanren/others.htm
都立中央図書館―区市町村立図書館新聞・雑誌総合目録　　http://www.library.metro.tokyo.jp/16/16900.html
都立中央図書館―ニュースレファレンス　　http://www.library.metro.tokyo.jp/16/16e01.html
独立行政法人 労働政策研究・研修機構（JILPT）　　http://www.jil.go.jp/
図書館流通センター―bk1　　http://www.bk1.jp/
内閣府―公益法人 information　　https://www.koeki-info.go.jp/pictis_portal/koeki/pictis_portal/common/portal.html
内閣府―公益法人等の検索　　https://www.koeki-info.go.jp/pictis_portal/common/index.do?contentsKind=110&gyouseiNo=00&contentsNo=00101&syousaiUp=0&procNo=houjinsearch&renNo=1&contentsType=&houjinSerNo=undefined&oshiraseNo=undefined&bunNo=0&meiNo=0&seiriNo=undefined&edaNo=undefined&iinkaiNo=undefined&topFlg=0
内閣府大臣官房政府広報室―政府広報オンライン　　http://www.gov-online.go.jp/
日外アソシエーツ　　　http://www.nichigai.co.jp/
日外アソシエーツ―BOOKPLUS　　http://www.nichigai.co.jp/database/book-plus.html
日外アソシエーツ―MAGAZINEPLUS　　http://www.nichigai.co.jp/

database/mag-plus.html
日外アソシエーツ―WHOPLUS　http://www.nichigai.co.jp/database/who-guide/who-guide.html
日外アソシエーツ―参考図書情報（レファレンス倶楽部）　http://www.reference-net.jp/cgi-bin/refHpGBook.cgi?funcKey=bookTop
日外アソシエーツ―点辞館　http://www.nichigai.co.jp/yomikata/Welcome-j.html
日外アソシエーツ―よみかた情報 http://www.reference-net.jp/yomi_top.html
日外アソシエーツ―レファレンス倶楽部　http://www.reference-net.jp/
日経・朝日・読売インターネット事業組合―あらたにす http://allatanys.jp/
日経 goo―ビジネスリンク集　http://nikkei.goo.ne.jp/business/buslink/contents/index.html
日本医薬情報センター　http://www.japic.or.jp/
日本医薬情報センター――iyakuSearch 医薬品情報データベース http://database.japic.or.jp/nw/index
日本医薬情報センター――日本の新薬 新薬承認審査報告書 DB　http://www.shinsahoukokusho.jp/
日本規格協会 http://www.webstore.jsa.or.jp/webstore/top/index.jsp
日本規格協会―規格総合検索　http://www.webstore.jsa.or.jp/webstore/General/GeneralSearch.jsp
日本経済新聞社・日本経済新聞デジタルメディア―NIKKEI NET http://www.nikkei.com/
日本経済新聞社・日本経済新聞デジタルメディア―マネー＆マーケット-IR http://ir.nikkei.co.jp/
日本経済新聞デジタルメディア　http://www.nikkei.co.jp/digitalmedia/
日本経済新聞デジタルメディア―人事情報（日経テレコン 21）http://t21.nikkei.co.jp/public/guide/pr/index.html
日本経済新聞デジタルメディア―日経 WHO'S WHO http://t21.nikkei.co.jp/public/guide/pr/price/whs.html
日本経済新聞デジタルメディア―日経テレコン 21　http://t21.nikkei.co.jp/g3/CMN0F11.do
日本経済新聞デジタルメディア／NTT レゾナント―日経 goo　http://nikkei.goo.ne.jp/nkg/nkg_top.jsp
日本建築学会 http://www.aij.or.jp/aijhomej.htm
日本建築学会―建築・都市・住宅・建設産業分野専門図書館横断検索システム　http://news-sv.aij.or.jp/tosyo/s1/top_para.html
日本社会学会―社会学文献情報データベース　http://www.gakkai.

ne.jp/jss/db/
日本出版販売（日販）—本やタウン　http://www.honya-town.co.jp/hst/HT/index.html
日本新聞協会　http://www.pressnet.or.jp/
日本新聞協会—メディアリンク　http://www.pressnet.or.jp/link/index.html
日本地理学会　http://www.ajg.or.jp/
日本地理学会—国内の地理学関連ホームページ　http://www.ajg.or.jp/link-kokunai.html
ネットアドバンス—JapanKnowledge（ジャパンナレッジ）　http://www.japanknowledge.com/top/freedisplay
ネットアドバンス—日国オンライン　http://nikkoku.jkn21.com/top/corpdisplay
農林水産省農林水産研究情報センター　http://ss.cc.affrc.go.jp/ric/home.html
農林水産省農林水産研究情報センター—AGROLib 農林水産研究成果ライブラリ　http://rms2.agsearch.agropedia.affrc.go.jp/contents/JASI/index.html
農林水産省農林水産研究情報センター—AGROPEDIA（アグロペディア）　http://www.affrc.go.jp/Agropedia/
農林水産省農林水産研究情報センター—研究課題・業績データベース　http://sary.cc.affrc.go.jp/recras/
農林水産省農林水産研究情報センター—農林水産関係試験研究機関総合目録　http://library.affrc.go.jp/
文化庁　http://www.bunka.go.jp/
文化庁—日本文化芸術オンライン　http://www.bunka.go.jp/culture-online/jp/index.html
文部科学省　http://www.mext.go.jp/
文部科学省—教育の情報化　http://www.mext.go.jp/a_menu/shotou/zyouhou/main18_a2.htm
読売新聞—ヨミダス文書館　http://www.yomiuri.co.jp/bunshokan/
レクシスネクシス・ジャパン—LexisNexis　http://www.lexisnexis.jp/
早稲田大学—早稲田大学演劇博物館デジタル・アーカイブ・コレクション　http://enpaku.waseda.ac.jp/db/

索　引

【あ行】

アクセシビリティ……………　140
インターネットサイト・ページの
　　評価方法………………　108
ウェブサイト………………　150
ウェブページ………………　150
横断検索……………　63, 66, 82
オーディオブック……………　147

【か行】

外部研修への参加……………　127
学術情報のリンク……………　63
基本的な商用オンラインデータ
　　ベース……………………　9
基本的なレファレンスブック　12
行政の事業評価………………　122
協力レファレンス…………　7, 85
苦情処理………………………　22
クラウドコンピューティング…　1, 109
件名標目表……………………　24
言葉遣い………………………　15
言葉の使い方…………………　15
コンテンツ………　133, 137, 138

【さ行】

サービスの評価………………　119
サービス方針……………　6, 7, 103
サイト評価基準………………　33
司書職制度……………………　128
質問受付カウンター…………　10
質問回答事例…………………　93
質問回答事例集………………　64
質問記録票………………　22, 118
質問の受付方法………………　7
事典の事典……………………　80
自動貸出・返却機……………　11
自由研究………　25, 94, 125, 127
住民の知的自由………………　8
情報格差………………………　98
書架図……………　37, 38, 99, 127
職場内研修………………　123, 125
書誌索引類……………………　66
書誌索引類を探す本…………　56
書誌情報………………………　148
調べ学習………………………　25, 94, 102, 125, 127, 169, 170, 171, 172, 173, 174, 175, 177, 180
調べ方案内の作り方…………　125
全文検索………………………　66
相関索引…………………　23, 24
総合的な検索エンジン　25, 28, 29, 67
総合目録……………　51, 52, 58

213

【た行】

- 地域の課題解決 5, 94, 97, 98, 157, 158
- チェック項目 119
- 知識創発型社会 1, 128
- 知識の共有化 2
- 知識の創造 2
- 調査・回答の原則 7
- デジタルアーカイブ 66, 67
- 電子化された資料 58
- 電子書籍 146
- 電子図書館的サービス 143
- 統合検索 63
- 登録型検索エンジン 29

【な行】

- 2次統計書 78

【は行】

- プロバイダー 132
- ポータルサイト 63
- ホームページの公開・更新 135

【ま行】

- マニュアル 6, 33, 102, 108, 109, 112, 116, 119
- メタ情報 148

【や行】

- ユーザビリティ 141

【ら行】

- 利用者とのコミュニケーション 14
- 利用者の自己責任 14
- 利用者の知識・情報要求 4
- 利用者のプライバシー 110
- レファレンス件数 118
- レファレンスコレクション 6, 9, 102, 108
- レファレンスサービスの範囲 6
- レファレンスブックを探す本 56
- レファレンスルーム 13
- ロボット型検索エンジン 29

【ABC】

- HTML 129, 130, 131, 132, 133, 134, 136, 137, 152
- IT技術 3
- Webサーバ 130, 134
- Webサイト 129, 132, 135, 136, 138, 139
- Web作成ソフト 129
- Webページ 129, 130, 132, 136
- Webユニバーサルデザイン 140

あとがき

　本書は、当初、私（大串）が日外アソシエーツ主催の横浜図書館総合展で行った講演「インターネット時代のレファレンス」の記録をまとめる意図で企画された。しかし検討の過程で、日本の図書館のレファレンスサービスの現状を考えたとき、講演で述べたインターネットを活用した新しいサービスの創造について本として出版することも必要だが、これからのインターネット時代の日本のレファレンスサービスを考えたとき、基礎、基本からサービスを組み立てる具体的な方法を書いた本を出したほうがいいということになった。

　数年前の社会教育法等3法の修正に関して行われた国会での審議でも明らかになったように、既存の公共図書館約3,000館のうち、司書が配置されていない図書館は3割近くにのぼることが明らかになった。司書が配置されている図書館でも、私が視察・見学等でみたところ、レファレンスサービスが行われているとは思えないところも少なくない。まして、気軽に利用者が図書館のカウンターに寄って相談・質問するという雰囲気を持った図書館は非常に少ない。なかには、図書館に入ってレファレンスカウンターがどこにあるのか分からない図書館もある。

　市立図書館を長年利用したという学生が、私のレファレンスサービスの授業のレポートで「図書館でそのようなサービスをしているのを知らなかった」と書いてきたことがあった。当該の図書館を見学したが、たしかにレファレンスカウンターは奥まったところにあって、職員もいつもはいないようであった。

　私は、本書でも書いたように、レファレンスカウンター（相談カウンター）は入り口近くに置き、その周囲・近くにはレファレンスブックを置くべきだと思っている。レファレンスの質問を受けたときは、カウンターのコンピュータと印刷資料と両方を使って調査・回答できるようにしておくことが必要だ。

インターネット時代のレファレンス

　インターネットというレファレンスサービスにとっての新しいツールは、サービスを拡大・充実させる。レファレンスサービスで活用できる新しいサービスも次々と考え出されている。それらを実際に導入してサービスを拡大・充実して、地域住民の期待に応えることは必要だ。しかし、上記のような状況を考えると他方で、基礎・基本から現場の図書館で組み立てていく方法を書いた本も必要である、という結論になって、本書は出版された。

　図書館職員としてこれから身につけておいた方がいいと思われる、Webサイトと新しい技術に関しては、昭和女子大学の同僚の田中均氏の力を借りた。本書の第5章129ページから148ページである。記して感謝したい。

　このほか、多くの人にさまざまなことを学ばせていただいた。特に、40年前、都立図書館で新米の職員だった私を指導してくださった先輩の皆様には感謝を捧げたい。サービスの＜いろは＞から教えていただいた。その時の指導がなければその後の私はなかったと言ってよい。

　そうした意味で、本書が現場の若い職員の方々に役立てていただければ、望外の幸せと言わなければならない。

2010年9月
大串 夏身

著者略歴

大串 夏身(おおぐし・なつみ)

1948年東京都生まれ。
早稲田大学第一文学部卒業後、東京都に司書として勤務、東京都立図書館、東京都企画審議室調査部などに勤務後、昭和女子大学に勤務。現在、昭和女子大学大学院生活機構研究科・人間社会学部教授。
著作に『図書館の可能性(図書館の最前線(1))』(青弓社、2007)、『チャート式情報アクセスガイド』(青弓社、2006)、『これからの図書館—21世紀・知恵創造の基盤組織』(青弓社、2002)、『ある図書館相談係の日記』(日外アソシエーツ、1994)など多数。

田中 均(たなか・ひとし)

1961年生まれ。
明星大学大学院人文学研究科教育学専攻修士課程修了。国士舘大学附属図書館、桜美林大学図書館をへて、現在、昭和女子大学短期大学部文化創造学科准教授。
専攻は、図書館情報学、図書館サービス、インターネット情報論、Webデザイン論。共著書に『情報メディアの活用と展開 改訂版(学校図書館図解・演習シリーズ(1))』(青弓社、2009) 他。

インターネット時代のレファレンス
—実践・サービスの基本から展開まで

2010年11月25日　第1刷発行

著　者／大串夏身・田中均
発行者／大高利夫
発　行／日外アソシエーツ株式会社
　　　　〒143-8550 東京都大田区大森北1-23-8 第3下川ビル
　　　　電話(03)3763-5241(代表)　FAX(03)3764-0845
　　　　URL http://www.nichigai.co.jp/

組版処理／日外アソシエーツ株式会社
印刷・製本／光写真印刷株式会社

©Natsumi ŌGUSI, Hitoshi TANAKA 2010
不許複製・禁無断転載　《中性紙北越淡クリームキンマリ使用》
〈落丁・乱丁本はお取り替えいたします〉
ISBN978-4-8169-2289-3　　Printed in Japan, 2010

CD-ROMで学ぶ 情報検索の演習 新訂3版
田中功・齋藤泰則・松山巌 編著
A5・90頁(CD-ROM1枚付き)　定価2,415円(本体2,300円)　2008.8刊
司書課程・司書講習の必須科目「情報検索演習」に最適なテキスト。検索のための基礎知識および演習問題を掲載した冊子と、演習用のデータベース4種(人物略歴情報データベース、図書内容情報データベース、雑誌記事情報データベース、新聞記事原報データベース)を収録したCD-ROMとで構成。

情報検索の歴史　日本語処理を乗り越えて
緒方良彦 著　A5・170頁　定価3,990円(本体3,800円)　2010.4刊
1960年代、開発に携わった著者による日本の文献情報検索システムの歴史。日本の情報検索史上、重要な動きのあった1960年代から1990年代のインターネット時代までを技術史的観点から概観。日本語による文献検索の調査、実験、研究を詳述。

新訂 図書館活用術　探す・調べる・知る・学ぶ
藤田節子 著　A5・240頁　定価2,940円(本体2,800円)　2002.6刊
図書館の仕組みを知り、100%使いこなすためのガイド。目録、事典、CD-ROM、データベースまで、様々な情報源とその利用方法についてわかりやすく解説。

レポート・論文作成のための 引用・参考文献の書き方
藤田節子 著　A5・160頁　定価2,100円(本体2,000円)　2009.4刊
レポートや論文を執筆する際に引用・参考にした文献の正確な書き方を詳しく説明。図書・雑誌記事だけでなく、新聞、判例、テレビ番組、音楽、Webサイトなど、様々な資料の書き方を事例を交えながら紹介。実践力を養う128の練習問題付き。好評「レポート作成法─インターネット時代の情報の探し方」(2003年・小社刊)第2弾。

文書管理・記録管理入門　ファイリングから ISOマネジメントまで
城下直之 著　A5・270頁　定価3,360円(本体3,200円)　2008.9刊
組織における、情報の共有化・活性化に不可欠な「文書管理・記録管理」を基礎から学べる入門書。ファイリングの基本、ISOの本来的な定義、具体的な管理手法と問題解決への道筋、今後の課題等もわかりやすく詳説。

データベースカンパニー
日外アソシエーツ　〒143-8550　東京都大田区大森北1-23-8
TEL.(03)3763-5241　FAX.(03)3764-0845　http://www.nichigai.co.jp/